Sandra Kroll-Gabriel (Hg.)
Andreas Pfeifer, Siegfried Schieck

Kompetenzerwerb

Lesen und mit Texten umgehen

Praxisband zu Methoden, Arbeitstechniken und Strategien im kompetenzorientierten Deutschunterricht

Auer Verlag

Gedruckt auf umweltbewusst gefertigtem, chlorfrei gebleichtem
und alterungsbeständigem Papier.

1. Auflage 2014
Nach den seit 2006 amtlich gültigen Regelungen der Rechtschreibung

Illustrationen: Carmen Hochmann
Satz: Typographie & Computer, Krefeld
Druck und Bindung: Franz X. Stückle Druck und Verlag, Ettenheim
ISBN 978-3-403-**07265**-2

www.auer-verlag.de

Inhalt

Vorwort

Im Zentrum eines zeitgemäßen Unterrichts steht der Erwerb von Kompetenzen, die den Schüler befähigen, Probleme durch verfügbare beziehungsweise erlernte Fähigkeiten und Fertigkeiten zu lösen.

Statt einer vorwiegenden Konzentration auf die Inhaltsebene rückt die Könnensebene in den Vordergrund der Betrachtung. Der Unterricht wird zum aktiven Prozess, der es dem Schüler ermöglicht, sich Methoden und Strategien anzueignen, die er auf verschiedene Situationen übertragen kann.
Die Schüler erwerben die Kompetenzen kontinuierlich und selbstgesteuert, sodass sie diese nachhaltig nutzen und anwenden können.

Die Gestaltung eines kompetenzorientierten Unterrichts sowie passender Lernaufgaben erfordert daher eine Berücksichtigung verschiedener Kriterien, die nicht für sich alleine, sondern miteinander verzahnt betrachtet werden müssen:

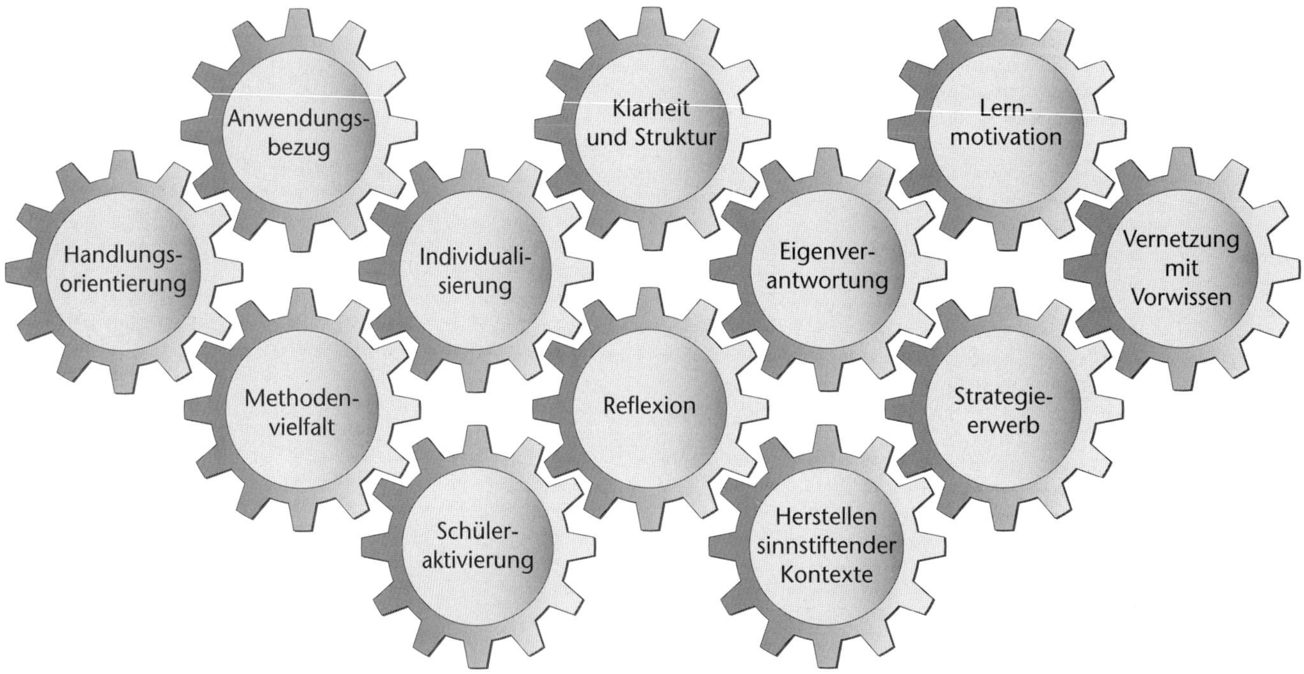

Die Bände der Reihe „Kompetenzerwerb" unterstützen Sie bei der Umsetzung eines kompetenzorientierten Unterrichts. Sie bieten Ihnen zweifach differenziertes Material, mit dem die Schüler aktiv und selbstständig Kompetenzen erwerben, die sie in den vielfältigen Anforderungen des Unterrichts und der Lebenswelt anwenden und nutzen können.

Sie können die Kartei im Rahmen der Wochenplanarbeit oder Freiarbeit einsetzen. Außerdem können die Übungen als Stationentraining oder Lernzirkel verwendet werden.

Viel Freude mit den Materialien

Sandra Kroll-Gabriel

Praxis des kompetenzorientierten Unterrichts

Schüler:

- arbeitet selbstständig
- entdeckt Wissen
- erwirbt Kompetenzen
- kommuniziert mit anderen, arbeitet im Team
- übernimmt Verantwortung für den eigenen Lernprozess
- reflektiert den eigenen Lernfortschritt

Einstiegsphase:

- klare **Zielformulierung**
- Abruf und Wiederholung der Lernvoraussetzungen durch **Fertigkeitsübungen**

Hauptphase:

- **selbstständige Bearbeitung** verschiedener **Aufgaben und Problemstellungen**
- **Raum für eigene Lernwege** und zusätzliche Lernschritte
- Anwendung von **Methoden und Strategien**
- **Erwerb von Kompetenzen**, die auf weitere Situationen übertragen werden können
- Möglichkeit zum individuellen Lernen durch **Differenzierungsangebote**

Abschlussphase:

- **Reflexion** der angewandten Strategie (vgl. Strategiepass S. 96)
- **Anwendung** der Teilkompetenzen
- Planung der weiteren Lernschritte und **Vernetzung des Wissens**

Lehrer:

- organisiert und moderiert die Lernumgebung
- schafft Platz für selbstständiges Lernen
- stellt das Leistungsniveau fest und hilft bei der Übungsauswahl
- beobachtet den Lernfortschritt
- begleitet und unterstützt die Schüler

→ Die vorliegenden Materialien werden in der Hauptphase des Unterrichts selbstständig durch die Schüler bearbeitet.

Aufbau der Materialien

Methode
Die einzelnen Methoden können isoliert oder als Lehrgang durchgeführt werden. Mit ihrer Hilfe werden schrittweise die einzelnen Kompetenzbausteine trainiert.

Kompetenzerwartungen
Die Entwicklung der hier genannten Teilkompetenzen wird durch die jeweilige Aufgabe gefördert.

Differenzierung
Zu jeder Methode werden zwei Kopiervorlagen (KV) mit unterschiedlichem Schwierigkeitsgrad angeboten.

Karteikarte
Zu jeder Aufgabe gibt es eine Karteikarte (K) mit der Aufgabenstellung für die Hand der Schüler.

Aufgabe
Die Aufgabe wird Schritt für Schritt erklärt.

Strategie
Biber Poldi begleitet die Schüler auf ihrem Weg und hilft mit vielen Strategien und Tipps.

1. Methode: Wortgrenzen erfassen

Kompetenzerwartungen:
- Wörter ganzheitlich erfassen
- Wort als Sinneinheit erfassen
- Wörter genau lesen
- Lesetempo steigern
- Lesefertigkeit auf Satzebene steigern

Material:
- K1
- KV1
- wasserlösliche Folienstifte

Vorbereitung und Einsatz:
- Kopieren und laminieren Sie die K1.
- Kopieren, laminieren[1] und zerschneiden Sie die KV1.
- Die Schüler lesen die Bandwurmsätze, markieren die Wortgrenzen mit wasserlöslichem Folienstift und lesen sie noch einmal genau.

K1 Wortgrenzen erfassen

Aufgabe:

1. Nimm dir einen Bandwurmsatz oder einen Bandwurmtext.
2. Lies ihn und mark[illegible] die Wortgrenzen [illegible] wasserlöslichen Folienstift.
3. Lies nun noch einmal ganz genau.

Suche dir einen Partner. Lest euch eure Bandwurmsätze gegenseitig vor. Kontrolliert, ob ihr alle Wörter richtig gelesen habt. Schafft ihr es ohne Fehler?

[1] Statt die Kopiervorlage zu laminieren [illegible] den Schülern wasserlösliche Folienstifte bereitzulegen, können Si[illegible] die Kopiervorlagen dieses Bandes auch stets im K[illegible]nsatz kopieren und die Schüler mit Füller, Bleistift oder Buntstiften [illegible]arbeiten lassen.

Kompetenzanwendung
Durch die vertiefende Anwendungsaufgabe am Ende jeder Karteikarte festigt sich die Methode und steht nachhaltig zur Verfügung.

Sozialform
Aufgaben für Partner- oder Gruppenarbeit sind mit einem entsprechenden Symbol gekennzeichnet.

1. Methode: Wortgrenzen erfassen

Kompetenzerwartungen:

- Wörter ganzheitlich erfassen
- Wort als Sinneinheit erfassen
- Wörter genau lesen
- Lesetempo steigern
- Lesefertigkeit auf Satzebene steigern

Material:

- K1
- KV1
- wasserlösliche Folienstifte

Vorbereitung und Einsatz:

- Kopieren und laminieren Sie die K1.
- Kopieren, laminieren[1] und zerschneiden Sie die KV1.
- Die Schüler lesen die Bandwurmsätze, markieren die Wortgrenzen mit wasserlöslichem Folienstift und lesen sie noch einmal genau.

K1 Wortgrenzen erfassen

Aufgabe:

1. Nimm dir einen Bandwurmsatz oder einen Bandwurmtext.
2. Lies ihn und markiere die Wortgrenzen mit einem wasserlöslichen Folienstift.
3. Lies nun noch einmal ganz genau.

Suche dir einen Partner. Lest euch eure Bandwurmsätze gegenseitig vor. Kontrolliert, ob ihr alle Wörter richtig gelesen habt. Schafft ihr es ohne Fehler?

[1] Statt die Kopiervorlage zu laminieren und den Schülern wasserlösliche Folienstifte bereitzulegen, können Sie die Kopiervorlagen dieses Bandes auch stets im Klassensatz kopieren und die Schüler mit Füller, Bleistift oder Buntstiften bearbeiten lassen.

KV1 Wortgrenzen erfassen

ZUMMUSIZIERENBRAUCHTMANINSTRUMENTE.
DIEPFLANZEBRAUCHTEINENEUEBLUMENTOPFERDE. 
DASHAUSBESTEHTAUSVIELENZIEGELSTEINEN.
DERVATERBESTELLTDENAPFELSAFT.
INPFAFFENHOFENGIBTESVIELEGESCHÄFTE.
TIMPACKTDIESCHULTASCHEAMVORABEND. 

KV1 Wortgrenzen erfassen

KENNSTDUSCHONDASABC?
LIEGTDIEKATZENOCHIMSCHNEE?

heutegibtesfrischenkräutertee.
derspatzfliegtmittenindengrünenklee.
DASBOOTFÄHRTÜBERDENSEE.
DURCHDENDICHTENWALDHÜPFTEINSCHEUESREH.

fritzhateineguteidee.
erschenktdermutterzummuttertageineorchidee.

WARUMDIEBUCHSTABENERFUNDENWURDEN

FRÜHERWURDENNACHRICHTENUNDGESCHICHTENVON
MUNDZUMUNDWEITERGEGEBEN.DOCHOFTWURDEDIEEI
GENTLICHEINFORMATIONVERÄNDERT.UMDIESZUVERHIN
DERNWURDENZEICHENERFUNDEN,UMDASGESPROCHEN
EWORTFESTZUHALTEN.AUSDIESENZEICHENSINDIMLAUF
EDERZEITDIEHEUTIGENBUCHSTABENENTSTANDEN.

2. Methode: Blickspanne erweitern

Kompetenzerwartungen:

- Wörter ganzheitlich erfassen
- Blickspanne und Blickrichtung erweitern
- Zeilensprung anwenden
- Lesefertigkeit auf Satzebene steigern

Material:

- K2
- KV2
- wasserlösliche Folienstifte in Gelb und Blau

Vorbereitung und Einsatz:

- Kopieren und laminieren Sie die K2.
- Kopieren, laminieren und zerschneiden Sie die KV2.
- Die Schüler lesen die Sätze. Dabei müssen sie ihre Blickspanne und Blickrichtung erweitern, damit die Sätze in der richtigen Reihenfolge sind.

K2 Blickspanne erweitern

Aufgabe:

1. Lies die Sätze. Achte dabei auf die richtige Reihenfolge.
2. Als Hilfe kannst du dir die richtige Reihenfolge markieren.
3. Lies nun noch einmal ganz genau.

Suche dir einen Partner. Lest euch die Sätze gegenseitig vor. Kontrolliert, ob ihr alle Sätze in der richtigen Reihenfolge gelesen habt. Wer schafft es schneller?

KV2 Blickspanne erweitern

Bus Halte Schrannen sitzt kleiner
Im häuschen stelle berg ein Zwerg.

Er auf schnellen damit nicht muss.
wartet den Omnibus, er laufen

Er zum und fast Herzinfarkt.
fährt Supermarkt kriegt einen

Nur ein ist rechts dem Herr
noch Platz frei, neben Floh Mai.

KV2 Blickspanne erweitern

Sommer und Winter

Bei 30 Grad im Schatten schmeckt das Eis richtig gut.

Im Garten steht ein riesengroßer Schneemann.

Die Kinder freuen sich auf das Freibad.

Er hat einen dicken Schal um den Hals gebunden.

Das Schlittenfahren über den großen Hügel lieben alle Kinder.

Eine Übernachtung im Zelt macht der ganzen Familie Spaß.

Dick eingepackt mit Mütze, Schal und Handschuhen spielen alle im Schnee.

Zuerst wird aber noch gegrillt.

Tipp: Markiere die Sätze passend zur Jahreszeit: Sommer gelb, Winter blau. Lies zuerst die Sommer- und dann die Wintersätze.

3. Methode: Sätze genau lesen

Kompetenzerwartungen:

- Wörter genau lesen
- Wörter ganzheitlich erfassen
- Lesefertigkeit auf Satzebene steigern

Material:

- K3
- KV3
- wasserlösliche Folienstifte

Vorbereitung und Einsatz:

- Kopieren und laminieren Sie die K3.
- Kopieren Sie die KV3.
- Knicken Sie die Lösungen um und kleben Sie diese auf der Rückseite fest.
- Laminieren und zerschneiden Sie die KV3.
- Die Schüler lesen die Sätze und markieren die veränderten Wörter. Dann kontrollieren sie auf der Rückseite.

K3 Sätze genau lesen

Aufgabe:

1. Lies die Sätze.
2. Markiere jeweils das veränderte Wort.
3. Kontrolliere auf der Rückseite.

Suche dir einen Partner. Bilde aus den veränderten Wörtern einen Satz. Baue ein Fehlerwort ein. Findet es dein Partner?

KV3 Sätze genau lesen

Toni isst gerne rote Kirschen. Toni mag gerne rote Kirschen. Toni isst gerne rote Kirchen. Tom isst gerne rote Kirschen. 	mag Kirchen Tom
Um den Stein schwimmt ein großer Fisch. Um den Stein schwimmt ein großer Tisch. Um den Stein schwimmt ein grauer Fisch. Um den Wein schwimmt ein großer Fisch. 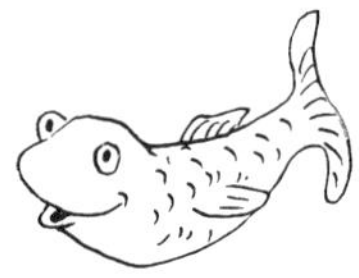	Tisch grauer Wein
Zum Essen gibt es frische Trauben. Zum Essen gibt es frische Tauben. Zum Essen wiegt es frische Trauben. Zum Messen gibt es frische Trauben. 	Tauben wiegt Messen

KV3 Sätze genau lesen

Herr Meier geht am Montag fröhlich an den schönen See. Herr Huber geht am Montag fröhlich an den schönen See. Herr Meier geht am Dienstag fröhlich an den schönen See. Herr Meier spaziert am Montag fröhlich an den schönen See.	Huber  Dienstag spaziert
Der Elefant sonnt sich sonntags in der warmen Sonne. Der Elektriker sonnt sich sonntags in der warmen Sonne. Der Elefant sehnt sich sonntags in der warmen Sonne. Der Elefant sonnt sich sonntags in der heißen Sonne.	Elektriker sehnt  heißen
Auf dem Bach schwimmt ein schöner weißer Schwan. Auf dem Meer schwimmt ein schöner weißer Schwan. Auf dem Bach schwimmt ein schöner weißer Schwamm. Auf dem Bach schwimmt ein schöner weiter Schwan.	Meer  Schwamm weiter

4. Methode: Satzzeichen beachten

Kompetenzerwartungen:

- Blickspanne und Blickrichtung erweitern
- Zeilensprung anwenden
- Satzzeichen beachten
- Lesefertigkeit auf Satzebene steigern

Material:

- K4
- KV4
- wasserlösliche Folienstifte in Gelb und Rot

Vorbereitung und Einsatz:

- Kopieren und laminieren Sie die K4.
- Kopieren, laminieren und zerschneiden Sie die KV4.
- Die Schüler lesen die Verse. Sie markieren die Satzzeichen und machen nach jedem Komma eine kurze, nach jedem Satz eine längere Pause.

K4 Satzzeichen beachten

Aufgabe:

1. Lies die Verse.
2. Markiere jedes Komma gelb und jeden Punkt rot.
3. Versuche, bei jedem Komma eine kurze und bei jedem Punkt eine längere Pause zu machen.

Suche dir einen eigenen Text. Lies ihn.
Achte dabei besonders auf die Satzzeichen.

KV4 Satzzeichen beachten

Ene, mene, Tintenfass,
gehe in die Schule und lerne was.
Lerne aber nicht zu viel,
denn du bist jetzt dran im Spiel.

Ein Huhn, das fraß, man glaubt es kaum,
die Blätter von einem Gummibaum.
Dann ging es in den Hühnerstall
und legte einen Gummiball.

KV4 Satzzeichen beachten

Eine kleine Dickmadam
fuhr mal mit der Eisenbahn.
Die Eisenbahn, die krachte,
und Dickmadam, die lachte.
Sie fiel aus dem Wagen raus
und du bist aus.

In der Felsenhöhle
mixt die Hexe mit Gegröle
sieben schlimme Hexenöle:
Rabenschnäbel, Räubersäbel,
Hungersteine, Krötenbeine,
Drachenblut und Rattenspeck.
Du musst trinken, du bist weg.

5. Methode: Texte mit Hindernissen lesen

Kompetenzerwartungen:

- Wörter genau lesen
- Wörter ganzheitlich erfassen
- Wort als Sinneinheit erfassen
- Zeilensprung anwenden
- Lesefertigkeit auf Textebene steigern

Material:

- K5
- KV5
- wasserlösliche Folienstifte

Vorbereitung und Einsatz:

- Kopieren und laminieren Sie die K5.
- Kopieren, laminieren und zerschneiden Sie die KV5.
- Die Schüler lesen die Texte und setzen für die Symbole passende Buchstaben ein. Dann lesen sie die Texte noch einmal.

K5 Texte mit Hindernissen lesen

Aufgabe:

1. Lies den Text.
2. Schreibe über die Symbole die passenden Buchstaben.
3. Übe, den Text flüssig zu lesen.

Suche dir einen Partner. Schreibe ihm einen Text mit Hindernissen. Kann dein Partner ihn lesen? Übt eure Texte und lest sie der Klasse vor.

KV5 Texte mit Hindernissen lesen

Das Huhn Mar◯ke

Das Huhn Mar◯ke war ein glückliches und ◯friges Huhn.

Mit ihren Hühnerkolleginnen lebte sie auf dem Hof von Bauer M◯er.

Jeden Tag legte jedes Huhn ◯n oder zw◯ ◯◯ und war mit sich

und der Welt rundherum zufrieden.

Alle Tiere am Hof liebten den Fr◯tag, denn jeden Fr◯tag war richtig

was los auf dem Hof von Bauer M◯er.

Am Fr◯tag war der ◯◯lauf aller Tiere.

KV5 Texte mit Hindernissen lesen

Es ist dunkel in der N**8**. Nur die kleine **11**e ist noch wach. Sie spielt auf

dem Kla**4** immer die gleiche Melodie. Der Fuchs bemerkt sie beim

Streifzug durch sein Re**4**. „Ich be**2**fle sehr, Frau **11**e, dass die Musik den

Waldbewohner gefällt!“, ruft der Fuchs der **11**e zu. Doch die **11**e

schenkt ihm keine Be**8**ung. Sie klimpert fröhlich weiter auf dem Kla**4** bis

früh um **4**. Erst nach etlichen Beschwerden der Gem**1**chaft hat sie ein

1ehen und spielt zu Tage und nicht mehr in der N**8**.

6. Methode: Lesetempo steigern

Kompetenzerwartungen:

- Satz als Sinneinheit erfassen
- Satzgrenzen einhalten
- Lesefertigkeit auf Textebene steigern
- Lesetempo steigern

Material:

- K6
- KV6 Lesetext
- KV6 Leselineal
- KV6 Lesediagramm

Vorbereitung und Einsatz:

- Kopieren und laminieren Sie die K6.
- Kopieren und laminieren Sie die KV6 Lesetext.
- Kopieren Sie die KV6 Leselineal, gestalten Sie es ansprechend, schneiden Sie das Sichtfenster aus und laminieren Sie es.
- Kopieren Sie die KV6 Lesediagramm im Klassensatz.
- Die Schüler üben, den Text flüssig zu lesen, und lesen ihn ihrem Partner vor. Der Partner stoppt die Zeit. Im Laufe einer Woche wiederholen sie dies täglich und sehen so, wie sie durch das Üben ihr Lesetempo steigern. Das Leselineal hilft ihnen dabei, die Zeile nicht zu verlieren.

K6 Lesetempo steigern

Aufgabe:

1. Übe, den Text flüssig zu lesen.
2. Lies ihn deinem Partner vor und lasse ihn die Zeit stoppen.
3. Dein Partner liest mit und klopft bei einem Lesefehler. Beginne den Satz dann noch einmal von vorne.
4. Trage deine Zeit ins Lesediagramm ein.
5. Lasse deinen Partner eine Woche lang jeden Tag deine Zeit beim Lesen des Textes stoppen. Wie verändert sich dein Lesetempo?

Suche dir einen anderen Text und trainiere mit ihm dein Lesetempo.

Das Kille-Kille-Monster

Kennst du das Kille-Kille-Monster? Nein? Dann lies jetzt genau. Das Kille-Kille-Monster lebt bei Karla. Karla ist neun Jahre alt und hat blonde Haare. Das Mädchen freut sich, wenn das Kille-Kille-Monster sie besucht. Nur sie kann es sehen. Es kommt am Abend, wenn Karla im Bett liegt und nicht schlafen kann. „Kille-Kille-Monster, bist du da?“, flüstert Karla. Das kleine Wesen öffnet die Schranktür und schleicht aus dem Versteck. Karla grinst. „Schön, dass du da bist!“, jauchzt sie. Das Kille-Kille-Monster kriecht unter Karlas Bettdecke. Dann geht es los. Es kitzelt Karla an den Füßen, am Bauch, im Nacken, überall. Karla hält sich den Mund zu, um nicht laut loszuprusten. Sie ist doch so kitzlig. Plötzlich öffnet sich die Tür. Mama kommt ins Zimmer. Sie fragt: „Was ist denn hier los? Kannst du nicht schlafen, Karla?“ Karla zieht die Bettdecke bis zur Nasenspitze und murmelt: „Doch, ich bin so müde!“ Glück gehabt. Mama schließt die Tür und wünscht eine gute Nacht. Das Kille-Kille-Monster zwickt Karla sanft in die rechte große Zehe. Dann schlüpft es zurück ins Versteck. „Bis morgen, Kille-Kille-Monster“, wispert Karla und kuschelt sich in ihr Kissen.

KV6 Lesetempo steigern (Lesetext)

Das Kille-Kille-Monster

Kennst du das Kille-Kille-Monster? Nein? Dann lies jetzt ganz genau. Das Kille-Kille-Monster lebt bei Karla, einem 9 Jahre alten, blondhaarigen Mädchen. Karla freut sich immer, wenn das Kille-Kille-Monster sie besucht, denn nur sie allein kann es sehen. Meist kommt es am Abend, wenn Karla im Bett liegt und nicht schlafen kann. „Kille-Kille-Monster, bist du da?“, flüstert Karla. Vorsichtig öffnet das kleine Wesen die Schranktür und schleicht aus dem geheimen Versteck. Karla grinst über das ganze Gesicht. „Schön, dass du da bist!“, jauchzt sie freudig. Das Kille-Kille-Monster kriecht unter Karlas Bettdecke und dann geht es los. Es kitzelt Karla an den Füßen, am Bauch, im Nacken, einfach überall. Karla hält sich den Mund zu, um nicht laut loszuprusten. Sie ist schließlich so kitzlig. Da öffnet sich plötzlich die Tür. Mama kommt ins Zimmer und fragt erstaunt: „Was ist denn hier los? Kannst du nicht schlafen, Karla?“ Karla zieht schnell die Bettdecke bis zur Nasenspitze nach oben und murmelt: „Doch, ich bin so müde!“ Glück gehabt. Mama schließt die Tür und wünscht ihrer Tochter eine gute Nacht. Das Kille-Kille-Monster zwickt Karla noch einmal sanft in die rechte große Zehe und schlüpft dann zurück ins Versteck. „Bis morgen, Kille-Kille-Monster, schlaf gut“, wispert Karla und kuschelt sich in ihr flauschiges Kissen.

KV6 Lesetempo steigern (Leselineal)

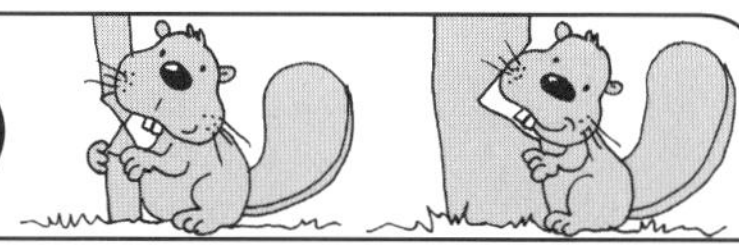

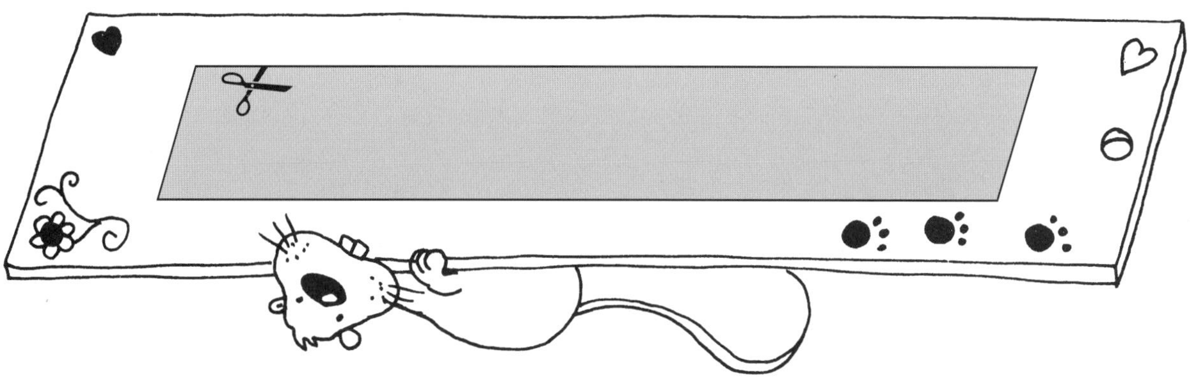

KV6 Lesetempo steigern (Lesediagramm)

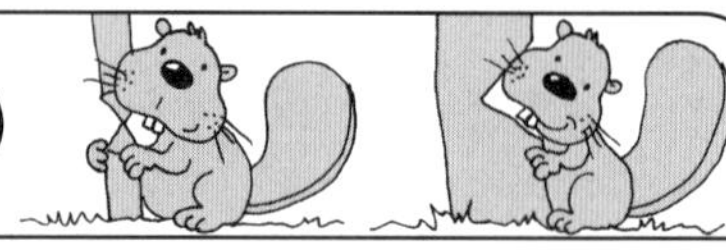

Lesediagramm von ______________________________

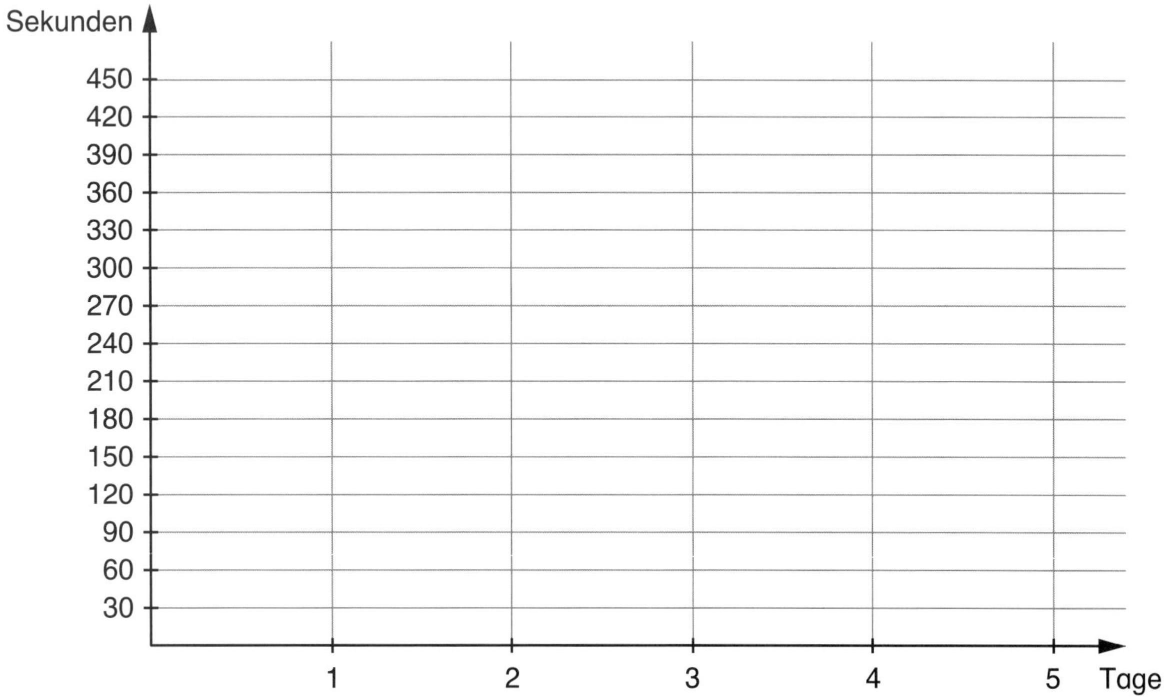

KV6 Lesetempo steigern (Lesediagramm)

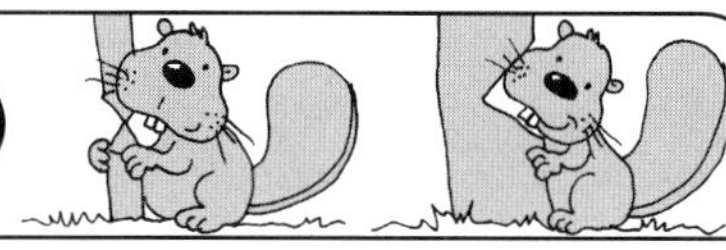

Lesediagramm von ______________________________

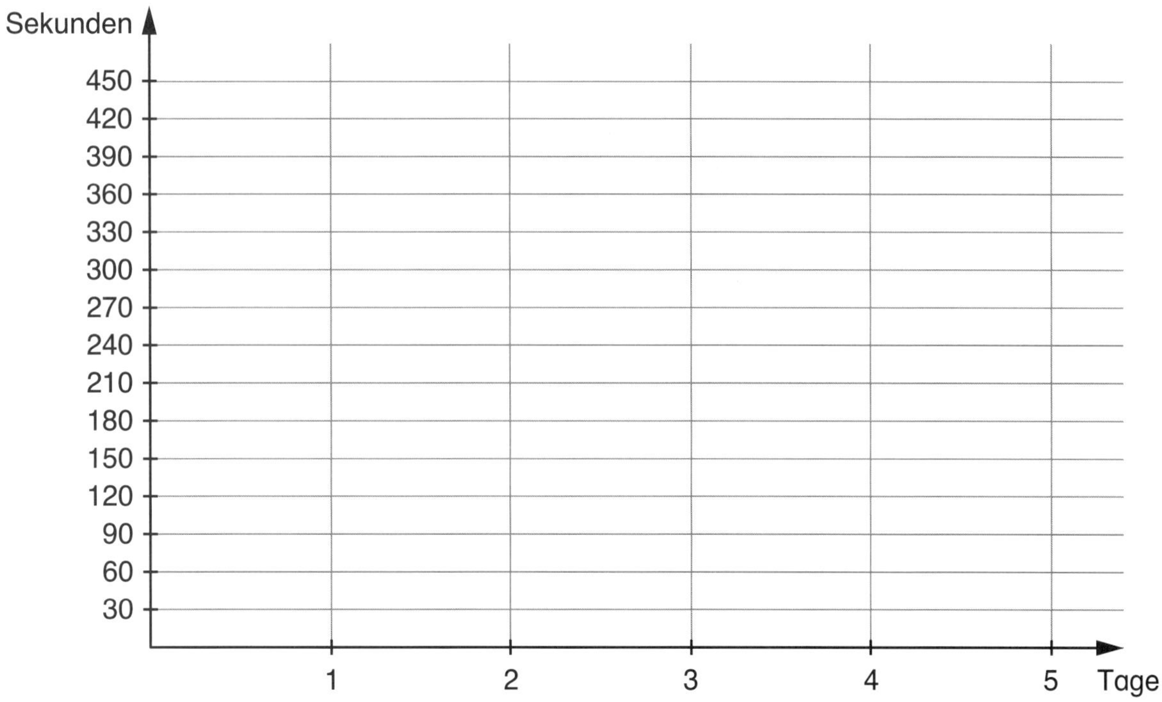

7. Methode: Fehlerfrei lesen

Kompetenzerwartungen:

- Wörter ganzheitlich erfassen
- Lesefertigkeit schwieriger Wörter steigern

Material:

- K7
- KV7
- wasserlösliche Folienstifte

Vorbereitung und Einsatz:

- Kopieren und laminieren Sie die K7.
- Kopieren, laminieren und zerschneiden Sie die KV7.
- Die Schüler lesen die schwierigen Wörter oder Sätze. Sie zeichnen Silbenbögen unter die schwierigen Wörter und üben zusammen mit ihrem Partner, fehlerfrei zu lesen.

K7 Fehlerfrei lesen

Aufgabe:

1. Lies die schwierigen Wörter oder Sätze.
2. Zeichne Silbenbögen unter die schwierigen Wörter.
3. Übe zusammen mit deinem Partner, fehlerfrei zu lesen.

Suche dir einen anderen Text und trainiere mit ihm das fehlerfreie Lesen.

KV7 Fehlerfrei lesen

Kräuterschmalzknospen	Echsenschwanzhaare
Kristallsalzsteinpulver	Krötenschleimpfefferschoten
Knochenmadenblätterbrei	Trauerfliegenbeinzehennägel
Wurzelweinstockgiftschabe	Schneckenhausfliegenpilz

KV7 Fehlerfrei lesen

Gib Kräuterschmalzknospen und
Krötenschleimpfefferschoten in den Topf hinein.

Rühre Knochenmadenblätterbrei und
Trauerfliegenbeinzehennägel vorsichtig rein.

Echsenschwanzhaare und
Kristallsalzsteinpulver verleihen guten Geschmack,

mit Schneckenhausfliegenpilz und
Wurzelweinstockgiftschabe aus dem Sack.

Rühre alles kräftig, bis es brodelt.

Zum Schluss wird noch der Zauberspruch gejodelt.

Fertig ist der Trank recht fein.

Schenke dir gleich ein wenig ein.

8. Methode: Bilder zuordnen

Kompetenzerwartungen:

- sinnentnehmend auf Satzebene lesen
- Sätze bildlicher Darstellung zuordnen

Material:

- K8
- KV8

Vorbereitung und Einsatz:

- Kopieren und laminieren Sie die K8.
- Kopieren, laminieren und zerschneiden Sie die KV8.
- Bieten Sie auf der Rückseite der Kärtchen mithilfe von Symbolen eine Selbstkontrolle an.
- Die Schüler lesen die Sätze und ordnen sie den passenden Bildern zu. Ein Satz bleibt übrig.

K8 Bilder zuordnen

Aufgabe:

1. Suche dir einen Partner.
2. Lest gemeinsam die Sätze und ordnet sie den passenden Bildern zu. Ein Satz bleibt übrig.
3. Kontrolliert auf der Rückseite.

Suche dir einen eigenen Text. Lies ihn und male ein passendes Bild dazu.

KV8 Bilder zuordnen

Im ovalen Glas schwimmen vier große Fische und ein kleiner Fisch.	Im runden Aquarium schwimmen drei große Fische und eine Koralle sitzt in der Mitte.	Im runden Aquarium schnappen ein großer Fisch und drei kleine Fische nach dem Futter.
Ein großer Fisch schwimmt ganz allein im Aquarium.	Im runden Aquarium schwimmen ein großer Fisch und fünf kleine Fische.	
	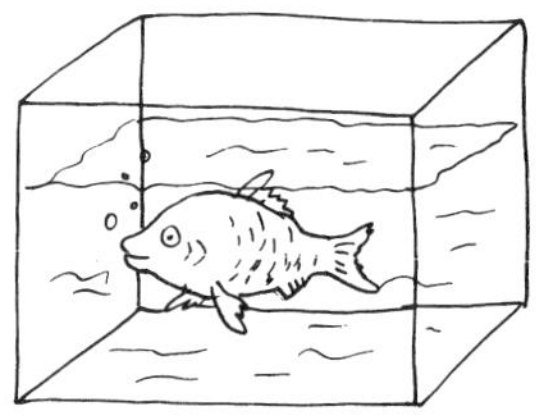	

KV8 Bilder zuordnen

Im quadratischen Aquarium schwimmen zwei kleine Fische und ein Krebs kriecht am Boden umher.	Im rechteckigen Glas sitzt eine Koralle und es schnappen ein großer Fisch und zwei kleine Fische nach dem Futter.	Im ovalen Glas machen es sich vier große Fische und zwei kleine Fische auf dem Seegras gemütlich.
Im rechteckigen Glas sitzt eine Koralle und es schwimmen ein großer Fisch und zwei kleine Fische im Wasser.	Im rechteckigen Glas schwimmen zwei kleine Fische und ein großer Fisch und ein Seestern liegt am Boden.	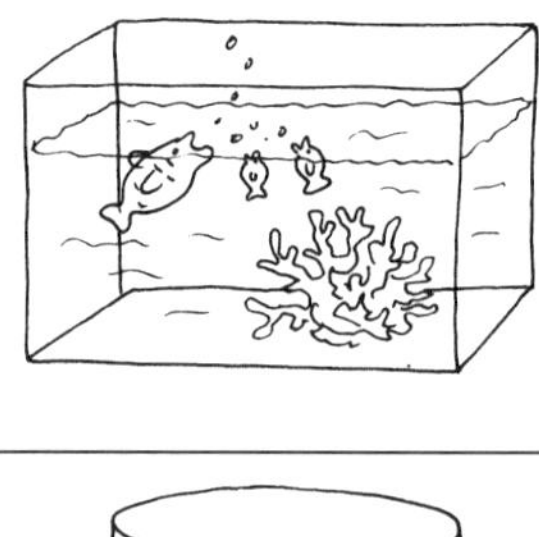
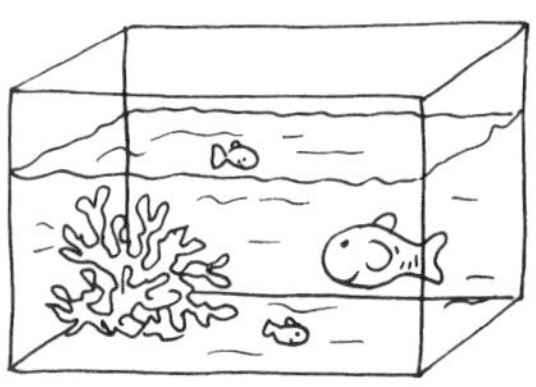		

9. Methode: Sätze ergänzen

Kompetenzerwartungen:
- sinnentnehmend auf Satzebene lesen
- Sätze sinnvoll ergänzen

Material:
- K9
- KV9
- wasserlösliche Folienstifte

Vorbereitung und Einsatz:
- Kopieren und laminieren Sie die K9.
- Kopieren, laminieren und zerschneiden Sie die KV9.
- Die Schüler lesen die Sätze und entscheiden, welches Wort in den Satz passt. Das falsche Wort streichen sie durch und vergleichen ihre Lösung mit einem Partner.

K9 Sätze ergänzen

Aufgabe:

1. Lies die Sätze.
2. Welches Wort passt in den Satz?
   Streiche das jeweils falsche Wort durch.
3. Suche dir einen Partner und vergleiche dein Ergebnis mit ihm.

Schreibe einen eigenen Satz mit einem falschen Wort auf. Findet es dein Partner?

KV9 Sätze ergänzen

Am Baum hängen im WINTER/SOMMER viele Äpfel.

Mutter kocht eine Suppe am HERD/KÜCHE.

Die Hasen hoppeln über die KÄFIG/WIESE.

Meine FAMILIE/FERIEN macht einen Ausflug.

Der Einkauf kostet zwanzig EUROPA/EURO.

Maja SPIELT/SPIEGELT ein tolles Spiel.

Die Kinder finden einen GROSSEN/GRÜNEN Ameisenhaufen.

Der Vater mäht den grünen RASEN/ROSEN.

Louis hat sich im Sportunterricht den ARM/AUTO gebrochen.

Im Musikunterricht singen die Schüler ein neues LIED/MUSIK.

Tom FING/FIEL die Treppe hinunter.

Die Familie fährt mit dem BOOT/ZUG auf dem See.

KV9 Sätze ergänzen

Am Apfelbaum hängen im Winter/Sommer viele Äpfel.

Die Mutter kocht eine heiße Suppe am Herd/Küche.

Die Hasen hoppeln munter über die Käfig/Wiese.

Meine Familie/Ferien macht am Sonntag einen Ausflug.

Der Einkauf im Supermarkt kostet zwanzig Europa/Euro.

Maja spielt/spiegelt mit ihren Freundinnen ein tolles Spiel.

Im Wald finden die Kinder einen großen/grünen Ameisenhaufen.

Der Vater mäht den grünen Rasen/Rosen.

Louis hat sich im Sportunterricht den Arm/Auto gebrochen.

Im Musikunterricht singen die Schüler ein neues Lied/Musik.

Tom fing/fiel gestern beinahe die Treppe hinunter.

Die Familie fährt am Sonntag mit dem Boot/Zug auf dem See.

10. Methode: Wortbedeutungen erschließen

Kompetenzerwartungen:

- sinnentnehmend auf Satzebene lesen
- Wortbedeutungen erschließen

Material:

- K10
- KV10

Vorbereitung und Einsatz:

- Kopieren und laminieren Sie die K10.
- Kopieren, laminieren und zerschneiden Sie die KV10 (vergrößert auf DIN A3).
- Bieten Sie auf der Rückseite der Kärtchen mithilfe von Symbolen eine Selbstkontrolle an.
- Die Schüler lesen die Sätze und finden den beschriebenen Begriff.

K10 Wortbedeutungen erschließen

Aufgabe:

1. Suche dir zwei bis drei Mitspieler.
2. Legt alle Wortkarten aus.
3. Der jüngste Spieler beginnt und liest eine Satzkarte vor.
4. Wer findet die passende Wortkarte?
5. Kontrolliert auf der Rückseite.
6. Gewonnen hat, wer am Ende die meisten Karten gefunden hat.

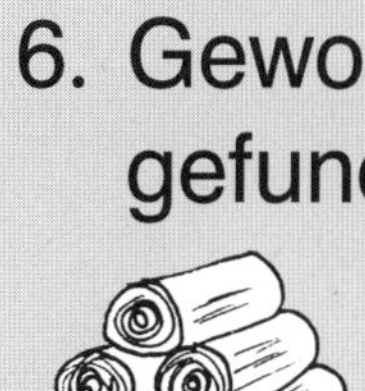

Sucht eigene Begriffe und erfindet passende Beschreibungen.

KV10 Wortbedeutungen erschließen

Er ist ein Kleidungsstück.	Sie ist ein Obst.	Er ist ein Teil des Schuhs.
Sie wird statt einer Krawatte getragen.	Sie bezeichnet den oberen Teil des Baumes.	Er führt eine Gruppe an.
Sie wird zum Fischefangen verwendet.	Sie wird zum Schreiben verwendet.	Er wächst auf der Wiese.
Es wird auf Wunden geklebt.	Sie ist ein Teil des Ohres.	Sie heftet lose Blätter zusammen.
Rock	**Birne**	**Absatz**
Fliege	**Krone**	**Leiter**
Angel	**Feder**	**Löwenzahn**
Pflaster	**Muschel**	**Klammer**

KV10 Wortbedeutungen erschließen

Er ist ein Sportler. ✧✧✧✧✧✧✧✧✧✧✧✧✧ Er liegt auf dem Boden und bewegt sich nicht.	Sie ist eine Zitrusfrucht. ✧✧✧✧✧✧✧✧✧✧✧✧✧ Es ist eine Farbe.	Sie kümmert sich um die Familie. ✧✧✧✧✧✧✧✧✧✧✧✧✧ Sie gehört zu einer Schraube.
Sie ist ein Baum. ✧✧✧✧✧✧✧✧✧✧✧✧✧ Er ist ein Teil des Mundes.	Sie hängt am Baum. ✧✧✧✧✧✧✧✧✧✧✧✧✧ Sie wird beim Nähen verwendet.	Sie ist ein Teil des Auges. ✧✧✧✧✧✧✧✧✧✧✧✧✧ Sie ist ein Gemüse.
Er ist ein Sportler. ✧✧✧✧✧✧✧✧✧✧✧✧✧ Er ist ein Hund.	Er ist ein Musikinstrument. ✧✧✧✧✧✧✧✧✧✧✧✧✧ Er wird vom Vogel zum Fliegen verwendet.	Sie ist Teil jeden Zimmers. ✧✧✧✧✧✧✧✧✧✧✧✧✧ Sie liegt im Bett.
Es ist eine Turnübung. ✧✧✧✧✧✧✧✧✧✧✧✧✧ Es ist ein Fahrzeug.	Sie ist eine Sitzgelegenheit. ✧✧✧✧✧✧✧✧✧✧✧✧✧ Sie bewahrt Geld auf.	Er ist ein Federtier. ✧✧✧✧✧✧✧✧✧✧✧✧✧ Aus ihm fließt Wasser.
Läufer	**Orange**	**Mutter**
Kiefer	**Nadel**	**Linse**
Boxer	**Flügel**	**Decke**
Rad	**Bank**	**Hahn**

11. Methode: Sammelnamen finden

Kompetenzerwartungen:

- Wörter in ihrer Bedeutung einem Sammelbegriff zuordnen
- falsche Wörter identifizieren

Material:

- K11
- KV11
- wasserlösliche Folienstifte

Vorbereitung und Einsatz:

- Kopieren und laminieren Sie die K11.
- Kopieren, laminieren und zerschneiden Sie die KV11.
- Bieten Sie auf der Rückseite der Kärtchen eine Selbstkontrolle an.
- Die Schüler lesen die Wortgruppen, ordnen sie dem passenden Sammelbegriff zu, finden das falsche Wort und kontrollieren ihre Lösung auf der Rückseite der Wortgruppenkarte.

K11 Sammelnamen finden

Aufgabe:

1. Lies die Wortgruppen.
2. Ordne sie dem passenden Sammelnamen zu.
3. Finde das falsche Wort in jeder Wortgruppe und streiche es durch.
4. Kontrolliere auf der Rückseite der Wortgruppenkarten.

Schreibe eigene Wortgruppen. Baue jeweils ein falsches Wort ein. Findet dein Partner den passenden Sammelnamen und das falsche Wort?

KV11 Sammelnamen finden

Gurke, Salami, Zucchini, Erbse, Bohne, Paprika, Zwiebel, Spinat, Kohl	**Gemüse**
Ananas, Banane, Erdbeere, Apfel, Traube, Kirsche, Käse, Birne, Pflaume	**Obst**
Rock, Hose, Jacke, Hut, Schal, Bluse, Mantel, Wolldecke, Kleid	**Kleidung**
Hammer, Bohrer, Kelle, Säge, Autoschlüssel, Schraubenschlüssel, Zange, Feile, Meißel	**Werkzeug**
Fechten, Golf, Singen, Reiten, Turnen, Handball, Tennis, Fußball, Boxen	**Sportarten**
Klavier, Flöte, Triangel, Radio, Xylofon, Gitarre, Trompete, Geige, Orgel	**Instrumente**
Heft, Buch, Füller, Bleistift, Lineal, Spitzer, Comicheft, Zirkel, Radiergummi	**Schulsachen**

KV11 Sammelnamen finden

Kuchen, Brötchen, Muffin, Laugengebäck, Torte, Vollkornbrot, Apfeltasche, Gummibärchen, Plätzchen	**Backwaren**
Modelleisenbahn, Bilderbuch, Ball, Kinderwagen, Puppe, Puzzle, Plüschhase, Kartenspiel, Bauklötze	**Spielsachen**
Schrank, Stuhl, Tisch, Regal, Couch, Sessel, Bett, Poster, Hocker	**Möbel**
Käse, Joghurt, Kaffee, Frischkäse, Quark, Schlagsahne, Milch, Butter, Sauerrahm	**Milchprodukte**
Schokolade, Eis, Gummibärchen, Fisch, Bonbon, Traubenzucker, Keks, Chips, Zuckerwatte	**Süßigkeiten**
Teller, Tasse, Glas, Schüssel, Teekanne, Kochbuch, Krug, Becher, Zuckerdose	**Geschirr**
Auto, Flugplatz, Flugzeug, Schiff, Hubschrauber, Eisenbahn, Roller, Fahrrad, Motorrad	**Fahrzeuge**

12. Methode: Sinnzusammenhang in Texten verstehen

Kompetenzerwartungen:

- sinnentnehmend auf Textebene lesen
- sinngemäß falsche Wörter identifizieren

Material:

- K12
- KV12
- wasserlösliche Folienstifte

Vorbereitung und Einsatz:

- Kopieren und laminieren Sie die K12.
- Kopieren, laminieren und zerschneiden Sie die KV12.
- Bieten Sie auf der Rückseite der Kärtchen eine Selbstkontrolle an.
- Die Schüler lesen die Texte, finden die sinngemäß falschen Wörter und schreiben die richtigen Wörter dahinter.

K12 Sinnzusammenhang in Texten verstehen

Aufgabe:

1. Lies den Text.
2. Finde die sechs falschen Wörter, streiche sie durch und schreibe sie richtig dahinter.
3. Kontrolliere auf der Rückseite.
4. Lies den Text dann noch einmal mit den richtigen Wörtern.

Wähle einen eigenen Text aus. Verändere einige Wörter, sodass dein Text keinen Sinn mehr ergibt. Lies deinen Text deinem Partner vor. Findet er die falschen Wörter und kann sie verbessern?

KV12 Sinnzusammenhang in Texten verstehen

Hühner

Hühner werden schon sehr lange als Haustiere gehalten. Die Menschen züchteten das Federvieh als Eier- und Fleischlieferant. Hühner sind pflegeleicht und vermehren sich schnell. Es gibt sehr viele verschiedene Hühnerkassen auf der Welt. Das Huhn gehört zu den Allesfressern. Mit dem spitzen Gabel pickt es zum Beispiel die Getreidekörner auf. Aber auch Türmer und Insekten stehen auf dem Speisekan. Zur Verdauung fressen die Hühner kleine Steinchen. Diese zermahlen die Nahrung im Magen des Huhnes. Obwohl das Huhn Federn besitzt, kann es nicht fliegen. Am liebsten scharrt es im Boden und pickt nach Butter. Im Stall sitzen die Hühner auf einer Stange oder ziehen sich in ein Rest zum Eierlegen zurück.

KV12 Sinnzusammenhang in Texten verstehen

Berufswünsche

Ob Arzt, Feuerwehrmann oder Polizist – jedes Rind hat einen gestimmten Berufswunsch. Oft beginnt man eine Ausbildung, um einen Beruf zu erlernen. Diese wird auch Lehre genannt. So gibt es zum Beispiel den Bäckerlehrling, der den Beruf des Bäckers erlernen möchte. Meist dauert die Lausbildung zwischen zwei und drei Jahren. Man arbeitet dabei bereits im Betrieb und geht gleichzeitig in die Berufsschale. So lernt man alles, was für die Ausübung des Berufs wichtig ist. Bei manchen Berufen muss man zuerst ein Stadium an der Universität machen. Das ist zum Beispiel so, wenn man Lehrer werden möchte. Wichtig ist, dass du dir genau überlegst, was dich interessiert und welcher Beruf dir Spaß machen würde. Schließlich wirst du viele Wahre in diesem Beruf arbeiten.

13. Methode: Markierungstechniken anwenden

Kompetenzerwartungen:

- Sinnstützen nutzen
- Schlüsselwörter erkennen
- Texten Informationen entnehmen und diese in eigenen Worten wiedergeben

Material:

- K13
- KV13
- wasserlösliche Folienstifte

Vorbereitung und Einsatz:

- Kopieren und laminieren Sie die K13.
- Kopieren, laminieren und zerschneiden Sie die KV13.
- Die Schüler lesen die Texte, markieren die wichtigsten Begriffe und geben mit deren Hilfe den Inhalt des Textes in ihren eigenen Worten wieder.

K13 Markierungstechniken anwenden

Aufgabe:

Wenn du wichtige Begriffe in einem Text markierst, kannst du mit ihrer Hilfe seinen Inhalt leicht in eigenen Worten wiedergeben. Markiere nur so viel wie nötig.

1. Lies den Text.
2. Unterstreiche die wichtigsten Wörter im Text.
3. Schreibe die Wörter jeweils auf die Zeile des passenden Abschnitts.
4. Decke den Text ab und erzähle nur mithilfe der Wörter deinem Partner alles, was du im Text über den Hamster erfahren hast.

Wähle einen eigenen Text aus. Markiere die wichtigsten Begriffe und gib mit ihrer Hilfe den Inhalt in eigenen Worten wieder.

KV13 Markierungstechniken anwenden

Hättest du das über Hamster gewusst?

Hamster haben große Backentaschen, um Futter zu tragen.

Es gibt mehrere Hamsterarten. Manche sind so klein wie ein Daumen, andere so groß wie eine Hand.

Heute gibt es viele Familien, die einen Hamster als Haustier haben.

Ein Hamster hat eine Lebenserwartung von etwa zwei Jahren. Das heißt, Hamster werden nicht sehr alt.

Hamster sind nachtaktive Tiere. Sie werden erst in der Nacht richtig wach.

Haustier – große Backentaschen – Lebenserwartung – nachtaktive Tiere – Hamsterarten

KV13 Markierungstechniken anwenden

Hättest du das über Hamster gewusst?

Hamster haben große Backentaschen, um Futter zu tragen.

Es gibt mehrere Hamsterarten. Manche sind so klein wie ein Daumen, andere so groß wie eine Hand.

Heute gibt es viele Familien, die einen Hamster als Haustier haben.

Ein Hamster hat eine Lebenserwartung von etwa zwei Jahren. Das heißt, Hamster werden nicht sehr alt.

Hamster sind nachtaktive Tiere. Sie werden erst in der Nacht richtig wach.

14. Methode: Texte in Abschnitte gliedern

Kompetenzerwartungen:

- Texte in sinnvolle Abschnitte gliedern
- zentrale Aussagen eines Textes erfassen

Material:

- K14
- KV14
- wasserlösliche Folienstifte in sechs verschiedenen Farben

Vorbereitung und Einsatz:

- Kopieren und laminieren Sie die K14.
- Kopieren, laminieren und zerschneiden Sie die KV14 (vergrößert auf DIN A3).
- Die Schüler lesen den Text, gliedern ihn in Abschnitte und finden die zentrale Aussage jedes Abschnitts.

K14 Texte in Abschnitte gliedern

Aufgabe:

Ein Text besteht meist aus mehreren Abschnitten. In jedem Abschnitt steckt eine zentrale Aussage. Wenn du einen Text in Abschnitte teilst, kannst du die einzelnen Aussagen besser erfassen.

1. Lies den Text.
2. Unterstreiche jeden Abschnitt in einer anderen Farbe.
3. Ordne jedem Abschnitt seine zentrale Aussage zu oder erfinde selbst passende Aussagen.

Wähle einen eigenen Text aus. Zerlege ihn in Abschnitte und notiere zu jedem Abschnitt die zentrale Aussage.

KV14 Texte in Abschnitte gliedern

So kann sich ein echter Seefahrer orientieren

Als Seefahrer solltest du immer wieder an den Himmel sehen.
Dort zeigt dir der Stand der Sonne, wohin du gerade fährst.
Deshalb nennt man die Richtungen, an denen wir uns orientieren, auch „Himmelsrichtungen".
Die Himmelsrichtung, in der die Sonne jeden Morgen aufgeht, heißt „Osten".
Dieser Name kommt aus einer alten Sprache und bedeutet „dort, wo es hell wird".
Die Richtung, in der die Sonne untergeht, wird „Westen" genannt.
Auch dieses Wort kommt aus der alten Sprache und bedeutet „Abend".
Als die Seefahrer früher in die Richtung fuhren, in der die Sonne am Mittag steht, merkten sie, dass es immer wärmer wurde.
Heute nennt man diese Himmelsrichtung „Süden".
Das klingt so ähnlich wie das alte Wort für „Wärme" oder „Sonne".
„Norden" heißt die Himmelsrichtung, in der man die Sonne nie sieht.
Im Norden ist es meist kälter.
Die vier Himmelsrichtungen ändern sich nie.
Wenn die alten Seefahrer die Sonne am Himmel beobachteten, fanden sie immer den Weg.

1. Abschnitt	2. Abschnitt	3. Abschnitt	4. Abschnitt	5. Abschnitt	6. Abschnitt
Im Osten geht die Sonne auf.	Im Süden ist es warm.	So fanden die Seefahrer immer ihren Weg.	Wir orientieren uns an den Himmelsrichtungen.	Im Westen geht die Sonne unter.	Im Norden sieht man die Sonne nie.

KV14 Texte in Abschnitte gliedern

So kann sich ein echter Seefahrer orientieren

Als Seefahrer solltest du immer wieder an den Himmel sehen.
Dort zeigt dir der Stand der Sonne, wohin du gerade fährst.
Deshalb nennt man die Richtungen, an denen wir uns orientieren, auch „Himmelsrichtungen".
Die Himmelsrichtung, in der die Sonne jeden Morgen aufgeht, heißt „Osten".
Dieser Name kommt aus einer alten Sprache und bedeutet „dort, wo es hell wird".
Die Richtung, in der die Sonne untergeht, wird „Westen" genannt.
Auch dieses Wort kommt aus der alten Sprache und bedeutet „Abend".
Als die Seefahrer früher in die Richtung fuhren, in der die Sonne am Mittag steht, merkten sie, dass es immer wärmer wurde.
Heute nennt man diese Himmelsrichtung „Süden".
Das klingt so ähnlich wie das alte Wort für „Wärme" oder „Sonne".
„Norden" heißt die Himmelsrichtung, in der man die Sonne nie sieht.
Im Norden ist es meist kälter.
Die vier Himmelsrichtungen ändern sich nie.
Wenn die alten Seefahrer die Sonne am Himmel beobachteten, fanden sie immer den Weg.

1. Abschnitt: ____________________ 2. Abschnitt: ____________________

3. Abschnitt: ____________________ 4. Abschnitt: ____________________

5. Abschnitt: ____________________ 6. Abschnitt: ____________________

15. Methode: Informationen entnehmen

Kompetenzerwartungen:

- Texten Informationen entnehmen
- Fragen zu einem Text beantworten

Material:

- K15
- KV15
- wasserlösliche Folienstifte in sechs verschiedenen Farben

Vorbereitung und Einsatz:

- Kopieren und laminieren Sie die K15.
- Kopieren, laminieren und zerschneiden Sie die KV15 (vergrößert auf DIN A3).
- Die Schüler lesen den Text, beantworten die Fragen und markieren die jeweilige Textstelle, die die Antwort enthält.

K15 Informationen entnehmen

Aufgabe:

Wenn du Fragen zu einem Text beantworten sollst, hilft es dir, wenn du den Text noch einmal genau durchliest und jede Antwort im Text markierst.

1. Lies den Text.
2. Lies die Fragen.
3. Beantworte die Fragen, indem du den Text noch einmal liest und die Antworten in verschiedenen Farben im Text markierst.

Überlege dir eigene Fragen zum Text. Stelle sie deinem Partner. Kann er sie richtig beantworten und im Text markieren?

KV15 Informationen entnehmen

Wer hat das getan?

Im Kinderzimmer hat scheinbar der Blitz eingeschlagen. Spielsachen liegen herum, die Tapete ist bemalt und sogar die Schulsachen liegen überall verstreut. Mama fragt, was geschehen ist.

Paul erzählt, dass er mit seinen Hausaufgaben gerade anfangen wollte. Da musste seine Spielzeugfeuerwehr zu einem Einsatz. Das Puppenhaus brannte. Auf dem Weg zum Einsatz kippte die Feuerwehr den **Blumentopf** um. Er stand nämlich mitten im Weg.

Es war kein Löschwasser vorhanden. Deshalb musste Paul die **Schultasche** über dem Puppenhaus auszuleeren. So konnte er das Feuer ersticken.

Nachdem das Feuer gelöscht war, befragte Paul die Puppen, wer das **Puppenhaus** angezündet habe. Sie erzählten ihm, dass ein böser Teddybär für das Feuer verantwortlich war. Die Puppen zeichneten ein Fahndungsbild auf die **Tapete**. So konnte man den Verbrecher fassen.

Natürlich ließ sich der Teddybär nicht einfach festnehmen. Er floh vor der Spielzeugpolizei und stieß ein **Wasserglas** auf dem Schreibtisch um. Die Ritter aus Pauls Ritterburg wollten die Überschwemmung aufhalten. Dafür nahmen sie ein paar frische Socken aus der **Sockenschublade**. Leider fiel ihnen dabei die Schublade heraus und alle Socken wurden auf dem Boden verteilt.

„Jaja, du und deine blühende Fantasie“, sagt Mama zu Paul. „Aber aufräumen musst du trotzdem ganz allein.“

Mama fragt sich:

1. Wer hat den **Blumentopf** umgekippt?
2. Weshalb ist die **Schultasche** ausgeleert?
3. Weshalb wurde die **Tapete** bemalt?
4. Wer hat das **Puppenhaus** angezündet?
5. Weshalb ist das **Wasserglas** umgekippt?
6. Wer hat die **Sockenschublade** ausgeleert?

KV15 Informationen entnehmen

Wer hat das getan?

Im Kinderzimmer sieht es aus, als hätte der Blitz eingeschlagen. Überall liegen Spielsachen herum, die Tapete ist bemalt und sogar die Schulsachen liegen überall verstreut. Als Mama das sieht, will sie wissen, was geschehen ist.

Paul erzählt, dass er mit seinen Hausaufgaben gerade anfangen wollte, als seine Spielzeugfeuerwehr dringend zu einem Einsatz musste. Das Puppenhaus war in Flammen aufgegangen und auf dem Weg zu ihrem Einsatz kippte die Feuerwehr den Blumentopf um, der mitten im Weg stand.

Da kein Löschwasser vorhanden war, blieb Paul nichts anderes übrig, als die Schultasche über dem Puppenhaus auszuleeren, um das Feuer zu ersticken.

Nachdem das Feuer gelöscht war, befragte Paul die Puppen, die ihm erzählten, dass ein böser Teddybär für das Feuer verantwortlich war. Um den Verbrecher zu fassen, zeichneten die Puppen ein Fahndungsbild auf die Tapete.

Natürlich ließ sich der Teddybär nicht einfach festnehmen. Auf seiner Flucht vor der Spielzeugpolizei stieß er ein Wasserglas auf dem Schreibtisch um. Um die Überschwemmung aufzuhalten, nahmen die Ritter aus Pauls Ritterburg ein paar frische Socken aus der Schublade. Leider fiel ihnen dabei die Schublade heraus und alle Socken wurden auf dem Boden verteilt.

„Jaja, du und deine blühende Fantasie“, sagt Mama zu Paul. „Aber aufräumen musst du trotzdem ganz allein.“

Mama fragt sich:

1. Wer hat den Blumentopf umgekippt?
2. Weshalb ist die Schultasche ausgeleert?
3. Weshalb wurde die Tapete bemalt?
4. Wer hat das Puppenhaus angezündet?
5. Weshalb ist das Wasserglas umgekippt?
6. Wer hat die Sockenschublade ausgeleert?

16. Methode: Inhalte zusammenfassen

Kompetenzerwartungen:

- Inhalt eines Textes zusammenfassen
- mithilfe von Schlagwörtern Text zusammenfassend wiedergeben

Material:

- K16
- KV16
- wasserlösliche, rote Folienstifte
- je fünf Kärtchen (ca. 4 × 4 cm) mit Loch zum Einfädeln der Wolle
- rote Wolle

Vorbereitung und Einsatz:

- Kopieren und laminieren Sie die K16.
- Kopieren, laminieren und zerschneiden Sie die KV16 (vergrößert auf DIN A3).
- Bereiten Sie die Kärtchen und die Wolle vor.
- Die Schüler lesen den Text und markieren die wichtigsten Wörter. Dadurch erfassen sie den Inhalt, den sie mithilfe von Kärtchen an einem roten Faden zusammenfassen.

K16 Inhalte zusammenfassen

Aufgabe:

1. Lies den Text.
2. Markiere die wichtigsten Wörter in jedem Abschnitt mit einem roten Stift.
3. Verbinde die markierten Wörter mit einer roten Linie.
4. Male zu jedem Abschnitt eine Skizze auf ein Kärtchen oder schreibe ein Schlagwort darauf.
5. Hänge die Kärtchen der Reihe nach an den roten Wollfaden.
6. Erzähle nun mithilfe deines roten Fadens den Inhalt des Textes zusammengefasst deinem Partner.

Suche dir einen eigenen Text. Gestalte dazu einen roten Faden und trage die Zusammenfassung deinem Partner vor.

KV16 Inhalte zusammenfassen

Das Leben in der Kälte

Wer lebt in einem Iglu? Na klar, das sind die Eskimos mit ihren dicken Felljacken und Fellmützen. Ihr **Lebensraum** ist Grönland, der Norden Kanadas, Alaska und Sibirien.

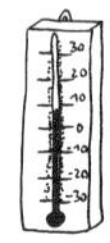

Dort ist es das ganze Jahr über sehr, sehr kalt. Bestimmt zitterst du schon bei null Grad am ganzen Körper und gehst nur noch mit dicker Schneehose aus dem Haus. Die Eskimos haben im Winter meist **eisige Temperaturen** um die minus zwanzig Grad. Im Sommer erreicht das Thermometer gerade einmal plus zehn Grad.

Wenn du glaubst, dass die Eskimos immer nur in einfachen Iglus wohnen, irrst du dich. Auch bei ihnen hat das **moderne Leben** Einzug gehalten. Sie haben gut beheizte Häuser, elektrisches Licht, Satellitenfernsehen und richtig schnelle Motorschlitten.

Nur wenn die Eskimos auf die Jagd gehen, bauen sie das traditionelle Iglu. Diese Hütte aus Schnee speichert die **Wärme im Inneren** und schützt die Eskimos vor der Kälte. Das funktioniert so: In der Wand des Iglus ist Luft. Diese leitet die Wärme im Inneren nicht nach draußen. Durch ihre Körperwärme und Öllampen heizen die Eskimos die Temperatur im Iglu auf bis zu plus fünfzehn Grad auf.

Heute bekommen die Eskimos alle Lebensmittel mit Flugzeugen geliefert. Früher aber mussten sie jagen und fischen, um etwas zu essen zu haben. Damit sie genügend Vitamine bekamen, aßen sie das Fleisch roh. Das ist auch die **Namensherkunft**. Eskimos bedeutet übersetzt „Menschen, die rohes Fleisch essen“.

Modernes Leben – Namensherkunft – Eisige Temperaturen – Lebensraum – Wärme im Inneren des Iglus

KV16 Inhalte zusammenfassen

Das Leben in der Kälte

Wer lebt in einem Iglu? Na klar, das sind die Eskimos mit ihren dicken Felljacken und Fellmützen. Sie leben in Grönland, im Norden Kanadas, in Alaska und in Sibirien.

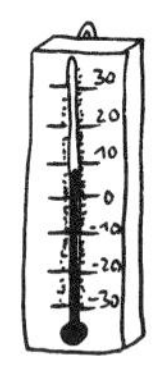

Dort ist es das ganze Jahr über sehr, sehr kalt. Bestimmt zitterst du schon bei null Grad am ganzen Körper und gehst nur noch mit dicker Schneehose aus dem Haus. Die Eskimos haben im Winter meist Temperaturen um die minus zwanzig Grad. Im Sommer erreicht das Thermometer gerade einmal plus zehn Grad.

Wenn du glaubst, dass die Eskimos immer nur in einfachen Iglus wohnen, irrst du dich. Auch bei ihnen hat das moderne Leben Einzug gehalten. Sie haben gut beheizte Häuser, elektrisches Licht, Satellitenfernsehen und richtig schnelle Motorschlitten.

Nur wenn die Eskimos auf die Jagd gehen, bauen sie das traditionelle Iglu. Diese Hütte aus Schnee speichert die Wärme im Inneren und schützt die Eskimos vor der Kälte. Das funktioniert so: In der Wand des Iglus ist Luft. Diese leitet die Wärme im Inneren nicht nach draußen. Durch ihre Körperwärme und Öllampen heizen die Eskimos die Temperatur im Iglu auf bis zu plus fünfzehn Grad auf.

Heute bekommen die Eskimos alle Lebensmittel mit Flugzeugen geliefert. Früher aber mussten sie jagen und fischen, um etwas zu essen zu haben. Damit sie genügend Vitamine bekamen, aßen sie das Fleisch roh. Daher kommt auch ihr Name. Eskimos bedeutet übersetzt „Menschen, die rohes Fleisch essen“.

17. Methode: Teilüberschriften finden

Kompetenzerwartungen:

- einzelnen Textabschnitten Informationen entnehmen
- Inhalt eines Textabschnitts mithilfe einer Überschrift zusammenfassen
- mit anderen über Texte sprechen

Material:

- K17
- KV17
- wasserlösliche Folienstifte

Vorbereitung und Einsatz:

- Kopieren und laminieren Sie die K17.
- Kopieren, laminieren und zerschneiden Sie die KV17.
- Die Schüler lesen die einzelnen Textabschnitte, überlegen sich passende Teilüberschriften und vergleichen sie mit ihrem Partner.

K17 Teilüberschriften finden

Aufgabe:

Lies jeden Abschnitt deines Textes ganz genau. Finde eine Teilüberschrift, die den Inhalt zusammenfasst.

1. Nimm dir immer einen Streifen des Textes und lies ihn genau durch.
2. Überlege dir, worum es in diesem Abschnitt geht und formuliere eine treffende Überschrift.
3. Vergleiche deine Teilüberschriften mit denen deines Partners.

Wähle zusammen mit deinem Partner einen eigenen Text aus. Findet auch für diesen passende Teilüberschriften und vergleicht sie miteinander.

KV17 Teilüberschriften finden

Der wundersame Hut

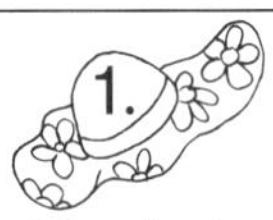

____

Maria hatte zum **Geburtstag** einen **tollen blauen Hut** mit vielen gelben Punkten bekommen. Er war ein echt cooles Teil. Er passte hervorragend zu ihrer neuen Jeans und dem knallgelben Sweatshirt. Da würden ihre Freunde Augen machen.

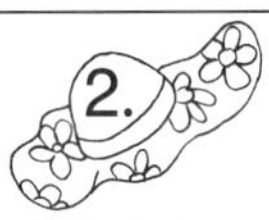

____

Gleich am nächsten Tag wollte sie das schicke Teil tragen, um es ihren Freunden in der Schule zu zeigen. Sie **setzte den Hut auf**. Doch was passierte da? Sie sah knallbunte Blasen und ihr wurde plötzlich richtig schwindelig. „Was geht hier vor?“, rief das Mädchen nervös. Maria sah ein grelles Licht und hörte einen Knall. Als sie wieder zu sich kam, war ihr **Kinderzimmer verschwunden**.

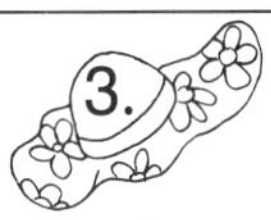

____

Maria verstand die Welt nicht mehr. **Wo war sie?** Um sie herum war weit und breit nichts anderes zu sehen als eine **saftige, grüne Wiese mit bunten Blumen.** Sie stand auf und spazierte in Richtung eines großen, kräftigen Baumes. Etwas spähte hinter dem Stamm hervor.

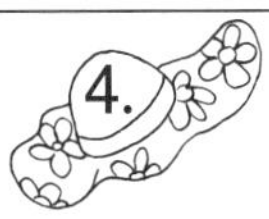

____

Maria trat näher heran und entdeckte einen kleinen, giftgrünen **Kobold**. Sie erschrak, doch der Kobold stellte sich höflich vor: „Mein Name ist Tutzi. Und wer bist du?“ „Ich bin M Ma Ma Maria“, stammelte das Mädchen. Tutzi lächelte sie an und Maria beruhigte sich. Der Kobold erklärte Maria, dass sie in **Naturia** war, einem Land mit unbeschreiblich schöner Natur.

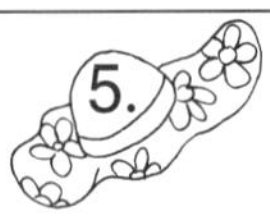

____

Maria wollte gerade viele Fragen stellen, als sie etwas am rechten großen **Zeh kitzelte**. „Was soll das?“, rief sie verärgert und rieb sich die Augen. Sie erkannte ihre Mutter, die sie aufwecken wollte, da Maria sonst zu spät zur Schule kommen würde. „Beeile dich, Maria! Du willst doch deinen Freunden deinen tollen Hut zeigen.“ Es war also nur ein **Traum** gewesen. Trotzdem war Maria gespannt, was passieren würde, wenn sie den Hut tatsächlich aufsetzen würde.

KV17 Teilüberschriften finden

Der wundersame Hut

1. ______________________________

Maria hatte zum Geburtstag einen tollen blauen Hut mit vielen gelben Punkten bekommen. Er war ein echt cooles Teil. Er passte hervorragend zu ihrer neuen Jeans und dem knallgelben Sweatshirt. Da würden ihre Freunde Augen machen.

2. ______________________________

Gleich am nächsten Tag wollte sie das schicke Teil tragen, um es ihren Freunden in der Schule zu zeigen. Sie setzte den Hut auf. Doch was passierte da? Sie sah knallbunte Blasen und ihr wurde plötzlich richtig schummrig. „Was geht hier vor?“, rief das Mädchen nervös. Maria sah ein grelles Licht und hörte einen Knall. Als sie wieder zu sich kam, war ihr Kinderzimmer verschwunden.

3. ______________________________

Maria verstand die Welt nicht mehr. Wo war sie? Um sie herum war weit und breit nichts anderes zu sehen als eine saftige, grüne Wiese mit bunten Blumen. Sie stand auf und spazierte in Richtung eines großen, kräftigen Baumes. Etwas spähte hinter dem Stamm hervor.

4. ______________________________

Maria trat näher heran und entdeckte einen kleinen, giftgrünen Kobold. Sie erschrak, doch der Kobold stellte sich höflich vor: „Mein Name ist Tutzi. Und wer bist du?“ „Ich bin M Ma Ma Maria“, stammelte das Mädchen. Tutzi lächelte sie an und Maria beruhigte sich. Der Kobold erklärte Maria, dass sie in Naturia war, einem Land mit unbeschreiblich schöner Natur.

5. ______________________________

Maria wollte gerade viele Fragen stellen, als sie etwas am rechten großen Zeh kitzelte. „Was soll das?“, rief sie verärgert und rieb sich die Augen. Sie erkannte ihre Mutter, die sie aufwecken wollte, da Maria sonst zu spät zur Schule kommen würde. „Beeile dich, Maria! Du willst doch deinen Freunden deinen tollen Hut zeigen.“ Es war also nur ein Traum gewesen. Trotzdem war Maria gespannt, was passieren würde, wenn sie den Hut tatsächlich aufsetzen würde.

18. Methode: Unbekannte Wörter erschließen

Kompetenzerwartungen:

- unbekannte Wörter durch selbstständiges Nachlesen im Text erschließen
- Wortbedeutungen aus dem Kontext bzw. aus der Beschreibung erschließen

Material:

- K18
- KV18
- wasserlösliche Folienstifte in vier verschiedenen Farben
- Lexika

Vorbereitung und Einsatz:

- Kopieren und laminieren Sie die K18.
- Kopieren und laminieren Sie die KV18.
- Die Schüler lesen den Text. Darin sind einige Begriffe verändert. Mithilfe des Kontextes sollen die Schüler die Begriffe „übersetzen" und ihre Bedeutung erklären. Dazu nutzen sie sowohl den Kontext als auch ein Lexikon.

K18 Unbekannte Wörter erschließen

Aufgabe:

1. Lies den Text.
2. Einige Wörter sind in die Bibersprache verzaubert. Trage sie unten in die Tabelle ein.
3. Was bedeuten die Wörter in unserer Sprache? Schreibe auf.
4. Markiere die Textteile, die dir geholfen haben, die verzauberten Wörter zu verstehen. Verwende verschiedene Farben.
5. Formuliere eine Beschreibung für jedes Wort.
6. Schlage das Wort im Lexikon nach und schreibe die Beschreibung auf.

Wähle einen eigenen Text aus. Verzaubere einige Wörter in die Bibersprache. Kann dein Partner die verzauberten Wörter übersetzen und beschreiben?

KV18 Unbekannte Wörter erschließen

Eine **Mboule** ist ein Straßenfahrzeug. Meistens wird die **Mboule** mit elektrischem Strom betrieben, den sie durch eine Leitung über der Straße bekommt. Die **Mboule** fährt vor allem in größeren Städten. Sie kann viele Personen gleichzeitig transportieren. Allerdings kann die Mboule nicht auf jeder Straße fahren, da sie auf Schienen rollt.

Ein **Tonga** gehört zu den elektronischen Medien. Früher konnte ein **Tonga** nur Schwarz-Weiß-Bilder übertragen. Heute haben sehr viele Menschen einen **Tonga**. Der **Tonga** empfängt seine Bilder über eine Antenne oder über ein Kabel. Es gibt sehr viele Programme im **Tonga**. Aber oft macht es viel mehr Spaß, draußen zu spielen, als den ganzen Tag vor dem **Tonga** zu sitzen.

Bungoba ist eine beliebte Sportart. Es wird vermutet, dass sie aus dem alten China stammt, obwohl die Engländer behaupten, **Bungoba** erfunden zu haben. **Bungoba** wird heute fast auf der ganzen Welt gespielt. Auch bei uns ist **Bungoba** sehr beliebt. In regelmäßigen Abständen finden Meisterschaften im **Bungoba** statt. **Bungoba** ist keine reine Männersportart, obwohl man vom **Bungoba** der Frauen nicht so viel in den Medien hört. Das ist schade, weil **Bungoba** eigentlich allen Spaß machen kann.

Ein **Brumbo** ist ein Lebewesen, das zu den Säugetieren gehört. Der **Brumbo** wird schon seit Jahrtausenden von den Menschen gehalten. Früher wurde der **Brumbo** vor allem zum Jagen oder zum Hüten anderer Tiere genutzt. Ein **Brumbo** kann aber noch viel mehr. Er hilft den Menschen in vielen Situationen. So gibt es heute zum Beispiel einen **Brumbo** für Blinde oder auch einen **Brumbo**, der der Polizei beim Lösen schwieriger Kriminalfälle hilft.

Bibersprache	Deutsch	Beschreibung	Lexikon

Fußball – Straßenbahn – Hund – Fernseher

KV18 Unbekannte Wörter erschließen

Eine Mboule ist ein Straßenfahrzeug. Meistens wird die Mboule mit elektrischem Strom betrieben, den sie durch eine Leitung über der Straße bekommt. Die Mboule fährt vor allem in größeren Städten. Sie kann viele Personen gleichzeitig transportieren. Allerdings kann die Mboule nicht auf jeder Straße fahren, da sie auf Schienen rollt.

Ein Tonga gehört zu den elektronischen Medien. Früher konnte ein Tonga nur Schwarz-Weiß-Bilder übertragen. Heute haben sehr viele Menschen einen Tonga. Der Tonga empfängt seine Bilder über eine Antenne oder über ein Kabel. Es gibt sehr viele Programme im Tonga. Aber oft macht es viel mehr Spaß, draußen zu spielen, als den ganzen Tag vor dem Tonga zu sitzen

Bungoba ist eine beliebte Sportart. Es wird vermutet, dass sie aus dem alten China stammt, obwohl die Engländer behaupten, Bungoba erfunden zu haben. Bungoba wird heute fast auf der ganzen Welt gespielt. Auch bei uns ist Bungoba sehr beliebt. In regelmäßigen Abständen finden Meisterschaften im Bungoba statt. Bungoba ist keine reine Männersportart, obwohl man vom Bungoba der Frauen nicht so viel in den Medien hört. Das ist schade, weil Bungoba eigentlich allen Spaß machen kann.

Ein Brumbo ist ein Lebewesen, das zu den Säugetieren gehört. Der Brumbo wird schon seit Jahrtausenden von den Menschen gehalten. Früher wurde der Brumbo vor allem zum Jagen oder zum Hüten anderer Tiere genutzt. Ein Brumbo kann aber noch viel mehr. Er hilft den Menschen in vielen Situationen. So gibt es heute zum Beispiel einen Brumbo für Blinde oder auch einen Brumbo, der der Polizei beim Lösen schwieriger Kriminalfälle hilft.

Bibersprache	**Deutsch**	**Beschreibung**	**Lexikon**

19. Methode: Stimmungen eines Textes verstehen und ausdrücken

Kompetenzerwartungen:

- Texte illustrieren
- Texte inhaltlich und gehaltlich verstehen
- bei der Beschäftigung mit literarischen Texten Sensibilität und Verständnis für Gedanken, Gefühle und zwischenmenschliche Beziehungen zeigen

Material:

- K19
- KV19 Lesetext
- KV19 Leselandschaft

Vorbereitung und Einsatz:

- Kopieren und laminieren Sie die K19.
- Kopieren und laminieren Sie die KV19 Lesetext.
- Kopieren Sie die KV19 Leselandschaft im Klassensatz (vergrößert auf DIN A3).
- Die Schüler lesen den Text. Zu jedem Abschnitt malen sie ein passendes Bild in die Leselandschaft. Sie überlegen sich, wie die Stimmung in den einzelnen Abschnitten ist, durch welche Farbe sie am besten ausgedrückt werden kann und malen den Rahmen des Bildes dieses Abschnitts in dieser Farbe an.

K19 Stimmungen eines Textes verstehen und ausdrücken

Aufgabe:

Wenn du einen Text genau liest, merkst du, wie die Stimmung und die Gefühle darin sind. Oft verändern sie sich im Laufe der Geschichte. Mit Farben kann man sie gut ausdrücken.

1. Lies den Text.
2. Male zu jedem Abschnitt ein passendes Bild in die Leselandschaft.
3. Wie sind die Stimmung und die Gefühle in den einzelnen Abschnitten? Welche Farbe drückt diese am besten aus? Male die Rahmen der Bilder in der entsprechenden Farbe an.
4. Hat dein Partner die gleichen Farben gewählt? Vergleicht miteinander.

Suche dir zusammen mit deinem Partner einen Abschnitt des Textes aus. Spielt ihn euren Mitschülern so vor, dass die Stimmung ganz deutlich wird.

KV19 Stimmungen eines Textes verstehen und ausdrücken (Lesetext)

Rotkäppchen

Es war einmal ein kleines, fröhliches Mädchen. Es wohnte bei seiner Mutter und war ein sehr fleißiges und gehorsames Kind. Eines Tages sollte Rotkäppchen die kranke Großmutter besuchen. „Ja, **gerne**!", rief Rotkäppchen, denn sie **mochte** die Großmutter sehr. Die Mutter packte Wein und Kuchen in einen Korb, das Mädchen setzte ihr rotes Käppchen auf und marschierte los.

Rotkäppchen musste durch den **dunklen Wald** gehen, da die Großmutter genau dahinter wohnte. Mit **mulmigem Gefühl** setzte sie einen Fuß vor den anderen. Sie traf auf den Wolf. Er fragte: „Warum bist du im Wald? Wo willst du denn hin?" Rotkäppchen antwortete mit **zitternder Stimme**: „Ich will zu meiner Großmutter. Sie ist krank." Der Wolf fragte das Mädchen ganz genau nach dem Weg und lief davon.

Rotkäppchen **wunderte sich** über die seltsame Begegnung. **Tapfer** marschierte sie weiter. Und endlich, endlich sah sie **Licht am Ende des dunklen Waldes**. Sie erblickte das Haus der Großmutter und lief **freudig** darauf zu. Endlich hatte sie es geschafft.

Als sie an die Tür klopfte, hörte sie eine Stimme: „Komm herein, mein Kind!" Doch es klang gar nicht nach der Großmutter. Rotkäppchen öffnete **vorsichtig** die Tür. Im Bett lag die Großmutter, doch sie sah ganz anders aus. Rotkäppchen trat mit weichen Knien an das Bett heran. „Großmutter, warum hast du so einen großen Mund?", fragte sie **voller Sorge**. Da erkannte sie, dass sich der **böse Wolf** als Großmutter verkleidet hatte. Die Großmutter aber hatte er in seinem Bauch verschlungen. Mit einem Satz öffnete er sein Maul und verschlang auch Rotkäppchen. Er schmatzte und schlief ein.

Das laute Schnarchen des Wolfes hörte der Jäger. Er kam ins Haus und verstand sofort, was passiert war. Er schnitt dem Wolf den Bauch auf und befreite die Großmutter und Rotkäppchen. Gemeinsam füllten sie schwere Steine in den Bauch und nähten ihn wieder zu. **Erleichtert** schlichen alle aus dem Haus.

Als der Wolf erwachte, hatte er Durst und ging zum Brunnen. Sein Bauch fühlte sich sehr komisch an. Er wollte aus dem Brunnen trinken und verlor dabei das Gleichgewicht. Die Steine in seinem Bauch zogen ihn in die Tiefe. Die Großmutter, Rotkäppchen und der Jäger **feierten** die Rettung mit Kuchen und Wein. Und wenn sie nicht gestorben sind, dann feiern sie noch heute.

Tipp:
Gelb kann eine fröhliche Stimmung, Schwarz eine bedrohliche Stimmung und Grün eine hoffnungsvolle Stimmung ausdrücken.

KV19 Stimmungen eines Textes verstehen und ausdrücken (Lesetext)

Rotkäppchen

Es war einmal ein kleines, fröhliches Mädchen. Es wohnte bei seiner Mutter und war ein sehr fleißiges und gehorsames Kind. Eines Tages sollte Rotkäppchen die kranke Großmutter besuchen. „Ja, gerne!“, rief Rotkäppchen, denn sie mochte die Großmutter sehr. Die Mutter packte Wein und Kuchen in einen Korb, das Mädchen setzte ihr rotes Käppchen auf und marschierte los.

Rotkäppchen musste durch den dunklen Wald gehen, da die Großmutter genau dahinter wohnte. Mit mulmigem Gefühl setzte sie einen Fuß vor den anderen. Sie traf auf den Wolf. Er fragte: „Warum bist du im Wald? Wo willst du denn hin?“ Rotkäppchen antwortete mit zitternder Stimme: „Ich will zu meiner Großmutter. Sie ist krank.“ Der Wolf fragte das Mädchen ganz genau nach dem Weg und lief davon.

Rotkäppchen wunderte sich über die seltsame Begegnung. Tapfer marschierte sie weiter. Und endlich, endlich sah sie Licht am Ende des dunklen Waldes. Sie erblickte das Haus der Großmutter und lief freudig darauf zu. Endlich hatte sie es geschafft.

Als sie an die Tür klopfte, hörte sie eine Stimme: „Komm herein, mein Kind!“ Doch es klang gar nicht nach der Großmutter. Rotkäppchen öffnete vorsichtig die Tür. Im Bett lag die Großmutter, doch sie sah ganz anders aus. Rotkäppchen trat mit weichen Knien an das Bett heran. „Großmutter, warum hast du so einen großen Mund?“, fragte sie voller Sorge. Da erkannte sie, dass sich der böse Wolf als Großmutter verkleidet hatte. Die Großmutter aber hatte er in seinem Bauch verschlungen. Mit einem Satz öffnete er sein Maul und verschlang auch Rotkäppchen. Er schmatzte und schlief ein.

Das laute Schnarchen des Wolfes hörte der Jäger. Er kam ins Haus und verstand sofort, was passiert war. Er schnitt dem Wolf den Bauch auf und befreite die Großmutter und Rotkäppchen. Gemeinsam füllten sie schwere Steine in den Bauch und nähten ihn wieder zu. Erleichtert schlichen alle aus dem Haus.

Als der Wolf erwachte, hatte er Durst und ging zum Brunnen. Sein Bauch fühlte sich sehr komisch an. Er wollte aus dem Brunnen trinken und verlor dabei das Gleichgewicht. Die Steine in seinem Bauch zogen ihn in die Tiefe. Die Großmutter, Rotkäppchen und der Jäger feierten die Rettung mit Kuchen und Wein. Und wenn sie nicht gestorben sind, dann feiern sie noch heute.

KV19 Stimmungen eines Textes verstehen und ausdrücken (Leselandschaft)

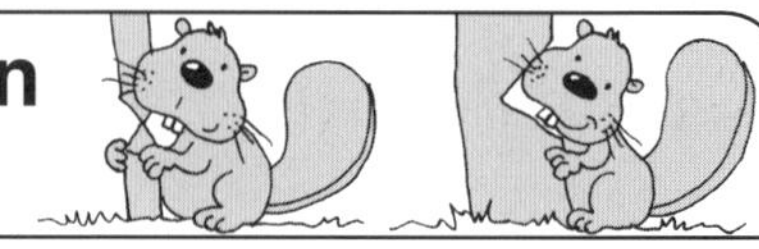

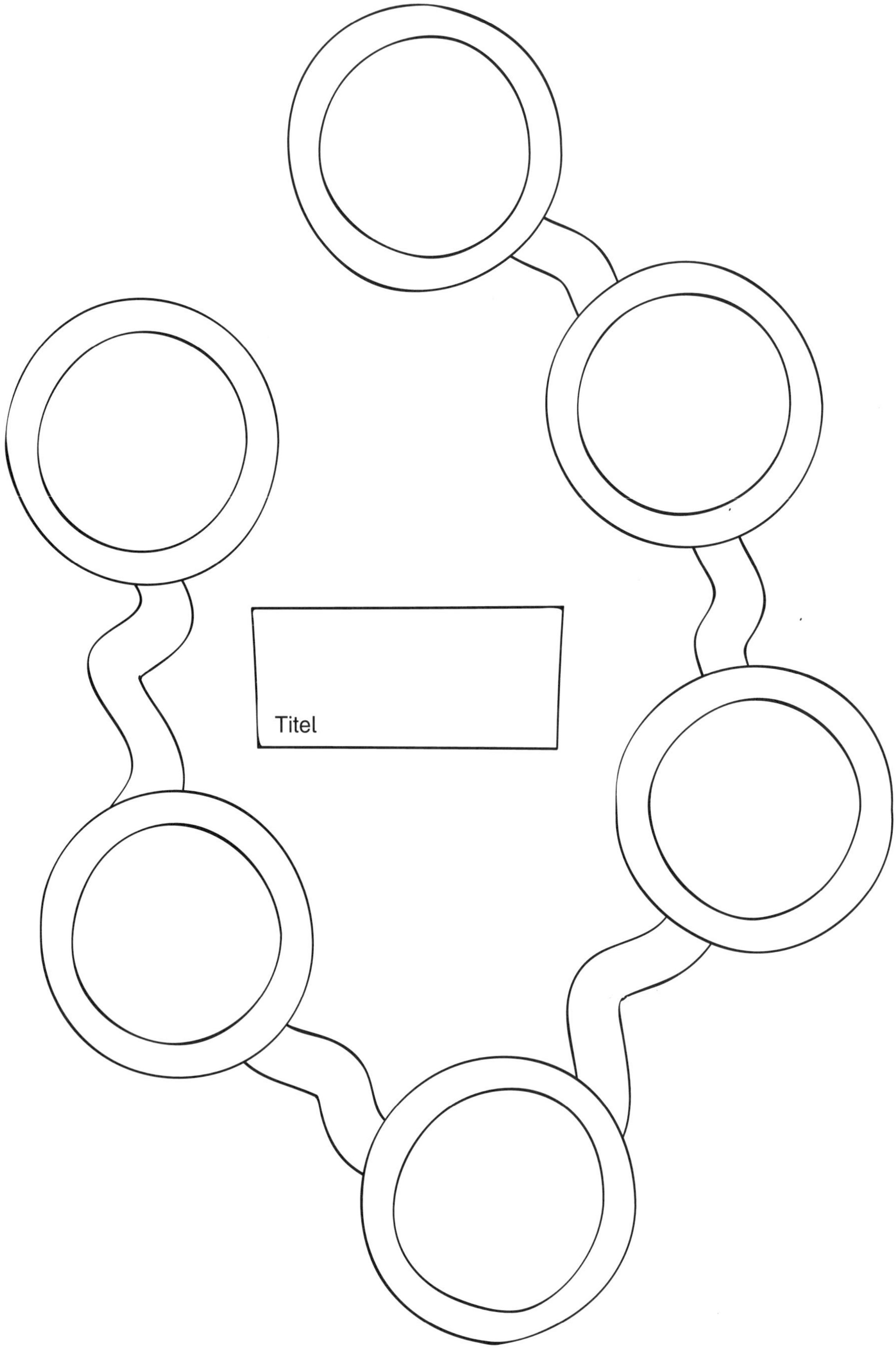

20. Methode: Fragen zum Text beantworten

Kompetenzerwartungen:

- gezielt einzelne Informationen in Texten suchen
- Texte genau lesen
- zentrale Aussagen eines Textes erfassen
- Fragen zum Text beantworten

Material:

- K20
- KV20 Lesetext
- KV20 Fragen
- Bleistift oder Füller

Vorbereitung und Einsatz:

- Kopieren und laminieren Sie die K20.
- Kopieren Sie die KV20 Lesetext und die KV20 Fragen im Klassensatz.
- Die Schüler lesen den Text. Sie beantworten die Fragen und vergleichen ihre Antworten mit ihrem Partner.

K20 Fragen zum Text beantworten

Aufgabe:

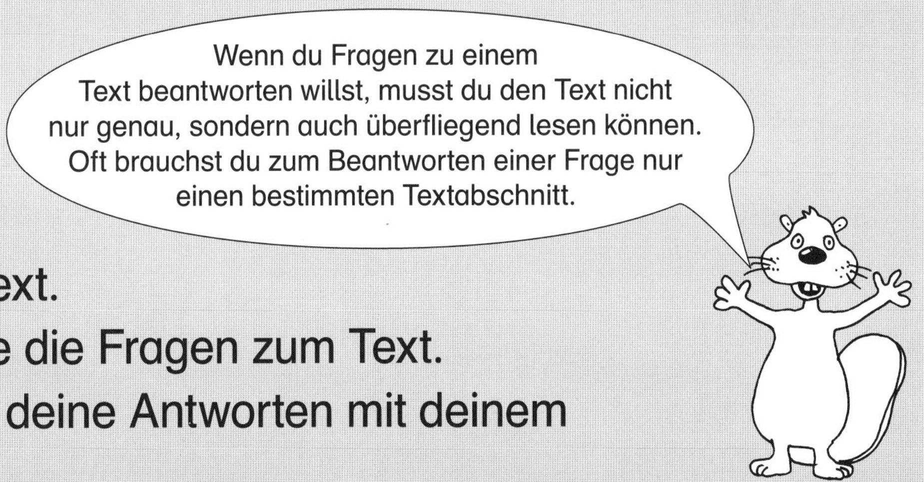

1. Lies den Text.
2. Beantworte die Fragen zum Text.
3. Vergleiche deine Antworten mit deinem Partner.

Suche dir einen eigenen Text. Notiere dazu einige Fragen. Kann dein Partner sie beantworten?

KV20 Fragen zum Text beantworten (Lesetext)

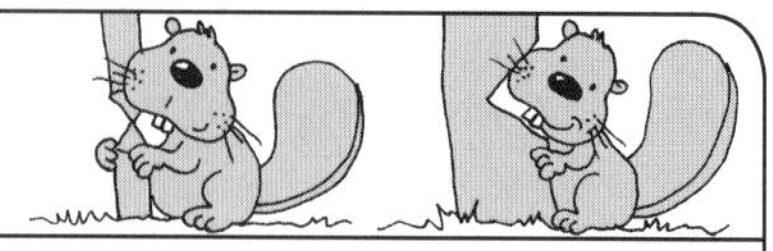

Zwei kleine Gespenster

Willi Wind und Heini Hauch waren zwei kleine Gespenster, denen es unheimlich Spaß machte, den Menschen Angst einzujagen. Besonders bei Kindern fühlten sie sich immer recht stark. „Das war wieder einmal eine ganz tolle Geisterstunde!“, kicherte Willi, als sie von ihrem nächtlichen Ausflug zurückflogen. „Und wie die kleine Mia in ihrem Bett gezittert hat – einfach cool!“, freute sich Heini und überschlug sich dabei fast vor Lachen.

In der Gespensterschule hatte die Gespensterlehrerin zwar immer wieder gesagt, dass es unfair sei, gerade kleinen Kindern Angst einzujagen, aber die beiden machten es trotzdem immer wieder.

Heini und Willi lebten zusammen mit ihren Eltern auf einem Dachboden in einem alten, kleinen Haus am Waldesrand. Eines Tages räumte der Besitzer des Hauses in seiner Wohnung gründlich auf und brachte viele Dinge, die er nicht mehr brauchte, auf den Speicher. Darunter war auch ein großer, alter Spiegel. Er stellte ihn in eine Ecke und machte das Licht wieder aus.

Heini und Willi kamen gerade vom Spielen zurück. Sie überlegten, wie sie zur Geisterstunde einige kleine Mädchen aus dem Kindergarten furchtbar erschrecken könnten. Vor Freude klopften sie sich dabei auf ihre Gespensterkleider, dass es nur so staubte.

Da stieß Willi aus Versehen an den Lichtschalter und der Schein der Lampe fiel genau auf den Spiegel. Willi sah zum ersten Mal in seinem Leben sein Spiegelbild und fiel vor lauter Schreck in Ohnmacht. Heini rannte schreiend auf dem Dachboden umher und verkroch sich dann zitternd unter einem alten Sofa. Beide trauten sich erst lange nach der Geisterstunde, wieder miteinander zu reden. Sie waren noch blasser als sonst, schnappten an der kleinen Dachluke nach frischer Luft und glaubten, ganz in der Ferne das Lachen von kleinen Kindern zu hören.

KV20 Fragen zum Text beantworten (Fragen)

Fragen zum Text „Zwei kleine Gespenster“

1. Welche Überschrift würde noch zum Text passen? Kreuze an.
   - O Im alten Schloss
   - O Geisterstunde
   - O Nur ein Traum
   - O In der Gespensterschule

Tipp: Die Überschrift muss zum ganzen Text passen, nicht nur zu einem Abschnitt.

2. Welche Personen werden in der Geschichte genannt? Schreibe auf.

____

____

Tipp: Unterstreiche die Personen zuerst im Text.

3. Wen erschrecken Heini und Willi besonders gerne? Kreuze an.
   - O die Lehrerin
   - O den Hausbesitzer
   - O kleine Kinder
   - O andere Gespenster

Tipp: Lies den ersten Abschnitt, um die Antwort zu erfahren.

4. Richtig oder falsch? Kreuze an.

	richtig	falsch
1) Heini und Willi haben die kleine Mia erschreckt.		
2) Die Gespenster leben in einem alten Schloss.		
3) Willi fiel vor Schreck in Ohnmacht.		
4) In der Gespensterschule lernten sie, kleinen Kindern Angst zu machen.		
5) Heini versteckte sich im Schrank.		

Tipp: Lies für 1) den ersten, für 2) den dritten, für 3) den fünften, für 4) den zweiten und für 5) den fünften Abschnitt.

KV20 Fragen zum Text beantworten (Fragen)

Fragen zum Text „Zwei kleine Gespenster“

1. Welche Überschrift würde noch zum Text passen? Kreuze an.
   - O Im alten Schloss
   - O Geisterstunde
   - O Nur ein Traum
   - O In der Gespensterschule

2. Welche Personen werden in der Geschichte genannt? Schreibe auf.

   ____

   ____

3. Wen erschrecken Heini und Willi besonders gerne? Kreuze an.
   - O die Lehrerin
   - O den Hausbesitzer
   - O kleine Kinder
   - O andere Gespenster

4. Richtig oder falsch? Kreuze an.

	richtig	**falsch**
1) Heini und Willi haben die kleine Mia erschreckt.		
2) Die Gespenster leben in einem alten Schloss.		
3) Willi fiel vor Schreck in Ohnmacht.		
4) In der Gespensterschule lernten sie, kleinen Kindern Angst zu machen.		
5) Heini versteckte sich im Schrank.		

21. Methode: Einen Text überfliegen

Kompetenzerwartungen:

- Verfahren zur ersten Orientierung über einen Text nutzen
- Vermutungen zur Sinnerwartung äußern
- zentrale Aussagen eines Textes erfassen

Material:

- K21
- KV21 Lesetext
- KV21 Fragen
- wasserlösliche Folienstifte

Vorbereitung und Einsatz:

- Kopieren und laminieren Sie die K21.
- Kopieren, laminieren und zerschneiden Sie die KV21 Lesetext (vergrößert auf DIN A3).
- Kopieren Sie die KV21 Fragen im Klassensatz.
- Bieten Sie den Schülern eine Lösung zur Selbstkontrolle an.
- Die Schüler lesen die Aufgabe und bearbeiten sie. Dabei nutzen sie Strategien, um zu lernen, einen Text überfliegend zu lesen.

K21 Einen Text überfliegen

Aufgabe:

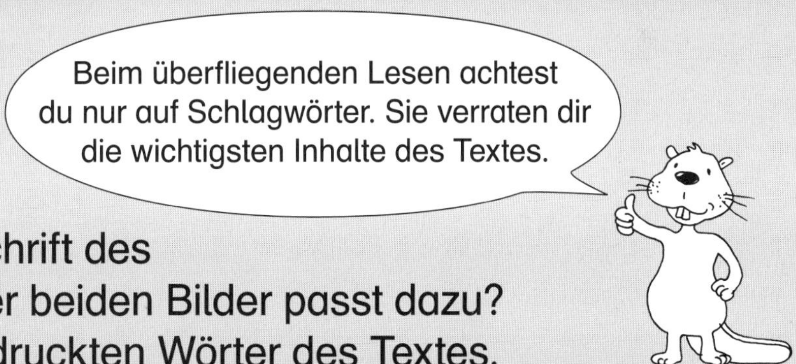

1. Lies nur die Überschrift des Textes. Welches der beiden Bilder passt dazu?
2. Lies nur die fett gedruckten Wörter des Textes. Entscheide dann, ob die Aussagen richtig oder falsch sind.
3. Lies nun den ganzen Text. Hast du die Aussagen richtig angekreuzt? Vergleiche dein Ergebnis mit deinem Partner.

Suche dir einen eigenen Text. Lies nur die Überschrift. Worum könnte es darin gehen? Berate dich mit deinem Partner. Lest anschließend den ganzen Text. Hattet ihr recht mit eurer Vermutung?

KV21 Einen Text überfliegen (Lesetext)

Reise ins All

Das **Weltall** ist unendlich groß. Wir **nennen** es auch **Universum**. Dort gibt es eine riesige Anzahl an **Sternensystemen**. Wir leben im Sternensystem mit dem Namen **Milchstraße**.

In der Milchstraße gibt es unendlich viele **Sterne**. Einer davon ist unsere **Sonne**. Sie erscheint uns so groß, weil sie uns „besonders nah" ist. Die **Entfernung** von der **Erde** zur Sonne beträgt etwa **150 Millionen Kilometer**. Für uns ist diese Entfernung unvorstellbar viel. Im unendlichen Weltall ist diese Strecke aber ziemlich kurz.

Um die vielen Sterne kreisen Planeten. Jeden **Stern mit seinen Planeten** nennen wir **Sonnensystem**. Unsere **Erde** ist ein **Planet** unseres Sonnensystems. Um die meisten Planten kreisen ein oder mehrere Monde.

In **unserem Sonnensystem** gibt es **acht Planeten**. Der Merkur ist am nächsten an der Sonne. Es folgen Venus, Erde und Mars. Die nächsten beiden Planeten sind riesengroß. Das sind der Jupiter und der Saturn. Der Saturn hat faszinierende Ringe. In weiter Entfernung umkreisen Uranus und Neptun unsere Sonne.

Lebewesen brauchen drei Dinge, um existieren zu können: **Wasser**, **Sauerstoff** und **bestimmte Temperaturen**. Die Temperaturen dürfen nicht zu hoch oder zu gering sein. Diese drei Voraussetzungen sind auf unserer Erde gegeben.

Wissenschaftler vermuten, dass es **Planeten** gibt, die **unserer Erde ähnlich** sind. Dort könnte auch **Leben** entstanden sein. Vielleicht gibt es irgendwo sogar intelligente Lebewesen. Wir wissen aber nicht, ob wir das jemals erfahren werden.

KV21 Einen Text überfliegen (Lesetext)

Reise ins All

In dem unendlich großen **Weltall**, das wir auch **Universum nennen**, gibt es eine riesige Anzahl an Sternensystemen. Wir leben am Rande eines solchen **Sternensystems**, nämlich der **Milchstraße**.

In der Milchstraße wiederum gibt es unendlich viele **Sterne**. Unsere **Sonne** ist auch so ein Stern. Sie erscheint uns so groß, weil sie uns „besonders nah" ist. Die **Entfernung** von der **Erde** zur Sonne beträgt etwa **150 Millionen Kilometer**. Diese Entfernung ist für uns unvorstellbar viel, im unendlichen Weltall ist diese Strecke aber ziemlich kurz.

Um die vielen Sterne kreisen Planeten. Wir nennen diese **Sterne mit ihren Planeten Sonnensysteme**. Unsere **Erde** ist so ein **Planet** unseres Sonnensystems. Um die meisten Planeten wiederum kreisen ein oder mehrere Monde.

In **unserem Sonnensystem** gibt es **acht Planeten**. Der Sonne am nächsten ist der Merkur. Es folgen Venus, Erde und Mars. Die nächsten beiden Planeten, die ihre Bahn um die Sonne ziehen, sind riesengroß, nämlich der Jupiter und der Saturn mit seinen faszinierenden Ringen. In weiter Entfernung umkreisen noch Uranus und Neptun unsere Sonne.

Lebewesen, so, wie wir sie kennen, **brauchen** drei Dinge, um existieren zu können: **Wasser**, **Sauerstoff und Temperaturen**, die nicht zu hoch oder zu gering sind. Diese drei Voraussetzungen sind auf unserer Erde gegeben.

Wissenschaftler vermuten, dass es irgendwo im weiten Universum vielleicht **Planeten** gibt, die **unserer Erde ähnlich** sind und auf denen vielleicht auch irgendein **Leben** entstanden ist. Vielleicht gibt es irgendwo ja sogar intelligente Lebewesen. Wir wissen aber nicht, ob wir das jemals erfahren werden.

KV21 Einen Text überfliegen (Fragen)

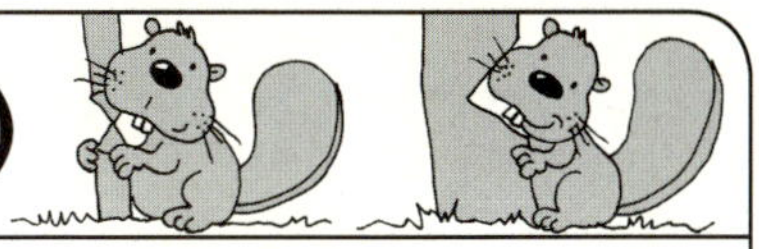

Welches Bild passt zur Überschrift?

Richtig oder falsch?

	richtig	falsch
Das Weltall wird auch Universum genannt.		
Die Milchstraße ist ein Sternensystem.		
Die Sonne ist ein Sternensystem.		
Die Entfernung von der Erde zur Sonne beträgt etwa 100 km.		
Die Erde ist eine Sonne.		
Die Erde ist ein Planet.		
In unserem Sonnensystem gibt es 15 Planeten.		
Lebewesen brauchen auf einem Planeten Wasser, Sauerstoff und eine bestimmte Temperatur.		
Es gibt viele Planeten, die unserer Erde ähnlich sind.		

22. Methode: Schaubilder beschriften

Kompetenzerwartungen:

- Sachtexte kennen und verstehen
- Sachtexten Informationen entnehmen
- einfache Schaubilder beschriften und erklären

Material:

- K22
- KV22
- wasserlösliche Folienstifte

Vorbereitung und Einsatz:

- Kopieren und laminieren Sie die K22.
- Kopieren und laminieren Sie die KV22.
- Bieten Sie den Schülern eine Lösung zur Selbstkontrolle an.
- Die Schüler lesen den Sachtext, finden die gesuchten Informationen und beschriften das dazugehörige Schaubild. Dann vergleichen sie ihre Beschriftung mit der ihres Partners und erklären sie sich gegenseitig.

K22 Schaubilder beschriften

Wenn du ein Schaubild beschriften willst, musst du genau wissen, was die Fachbegriffe bedeuten. Dabei hilft dir ein passender Sachtext. In diesem markierst du dir alle wichtigen Informationen.

Aufgabe:

1. Lies den Sachtext.
2. Sieh dir das Schaubild und die Fachbegriffe an.
3. Finde im Sachtext alle Informationen, die dir beim Beschriften des Schaubilds helfen, und unterstreiche sie.
4. Beschrifte das Schaubild.
5. Vergleiche deine Beschriftung mit der deines Partners.
6. Erklärt euch die Beschriftung gegenseitig.

Suche dir einen eigenen Sachtext. Lies ihn aufmerksam durch. Erstelle ein beschriftetes Schaubild zum Text und erkläre es deinem Partner.

KV22 Schaubilder beschriften

Der Biberbau

Der Biber ist berühmt für seine Fähigkeit, sich selbst eine Wohnung zu bauen. Bei einem Biberbau unterscheidet man zwischen den eigentlichen **Wohnbauten** und dem **Biberdamm**.

Der Wohnbau einer Biberfamilie kann sehr unterschiedlich aussehen. An steilen und stabilen **Uferböschungen** graben die Tiere mit ihren kräftigen Vorderpfoten eine unterirdische Höhle. Sie kann einen Durchmesser von mehr als einem Meter haben. Der **Eingang** zum Biberbau befindet sich immer unter der Wasseroberfläche. Vom Eingang aus führt ein **kleiner Gang** nach innen. Dünne Wände im Eingangsbereich verstärkt der Biber mit Ästen und Zweigen. Die eigentlich bewohnte Höhle wird auch **Wohnkessel** genannt.

Ist das Ufer nicht steil genug, um einen Wohnkessel hineinzugraben, bauen Biber eine sogenannte **Biberburg**. Dabei schichtet der Biber viele **Äste und Zweige** auf. Im Inneren dieser Biberburg lässt er einen Hohlraum, der ebenfalls als **Wohnkessel** genutzt wird.

Damit das **Wasser** tief genug ist, um den Eingang zum Wohnbau zu verdecken, bauen Biber einen Damm. So stellen sie sicher, dass keine Feinde in den Wohnbau eindringen können. Außerdem verhindern sie dadurch, dass das Wasser im Winter bis zum Grund zufrieren kann. Die Fähigkeit, einen Damm zu bauen, ist dem Biber angeboren. Beim Baumaterial ist der Biber übrigens sehr erfinderisch. Normalerweise nutzt er zum Dammbau Holz und Schlamm. Er verwendet aber auch andere Pflanzen, wie Raps, Mais oder sogar Steine.

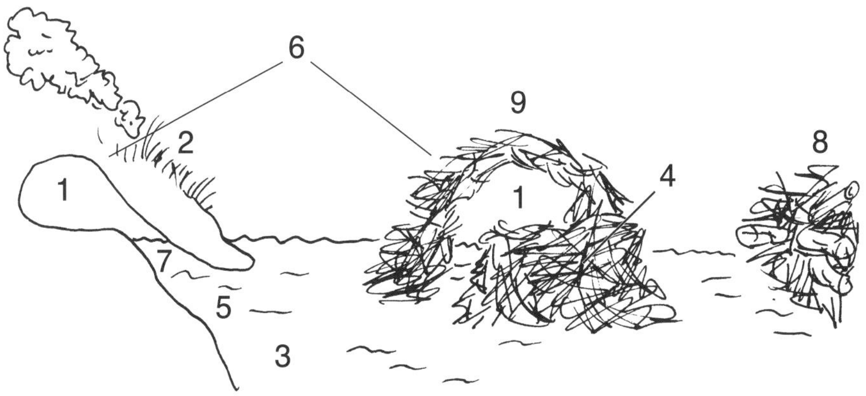

◯ Wohnbauten	◯ Biberdamm	◯ Uferböschung
◯ Eingang	◯ kleiner Gang	◯ Äste und Zweige
◯ Wohnkessel	◯ Biberburg	◯ Wasser

KV22 Schaubilder beschriften

Der Biberbau

Der Biber ist berühmt für seine Fähigkeit, sich selbst eine Wohnung zu bauen. Bei einem Biberbau unterscheidet man zwischen den eigentlichen Wohnbauten und dem Biberdamm.

Der Wohnbau einer Biberfamilie kann sehr unterschiedlich aussehen. An steilen und stabilen Uferböschungen graben die Tiere mit ihren kräftigen Vorderpfoten eine unterirdische Höhle. Sie kann einen Durchmesser von mehr als einem Meter haben. Der Eingang zum Biberbau befindet sich immer unter der Wasseroberfläche. Vom Eingang aus führt ein kleiner Gang nach innen. Dünne Wände im Eingangsbereich verstärkt der Biber mit Ästen und Zweigen. Die eigentlich bewohnte Höhle wird auch Wohnkessel genannt.

Ist das Ufer nicht steil genug, um einen Wohnkessel hineinzugraben, bauen Biber eine sogenannte Biberburg. Dabei schichtet der Biber viele Äste und Zweige auf. Im Inneren dieser Biberburg lässt er einen Hohlraum, der ebenfalls als Wohnkessel genutzt wird.

Damit das Wasser tief genug ist, um den Eingang zum Wohnbau zu verdecken, bauen Biber einen Damm. So stellen sie sicher, dass keine Feinde in den Wohnbau eindringen können. Außerdem verhindern sie dadurch, dass das Wasser im Winter bis zum Grund zufrieren kann. Die Fähigkeit, einen Damm zu bauen, ist dem Biber angeboren. Beim Baumaterial ist der Biber übrigens sehr erfinderisch. Normalerweise nutzt er zum Dammbau Holz und Schlamm. Er verwendet aber auch andere Pflanzen, wie Raps, Mais oder sogar Steine.

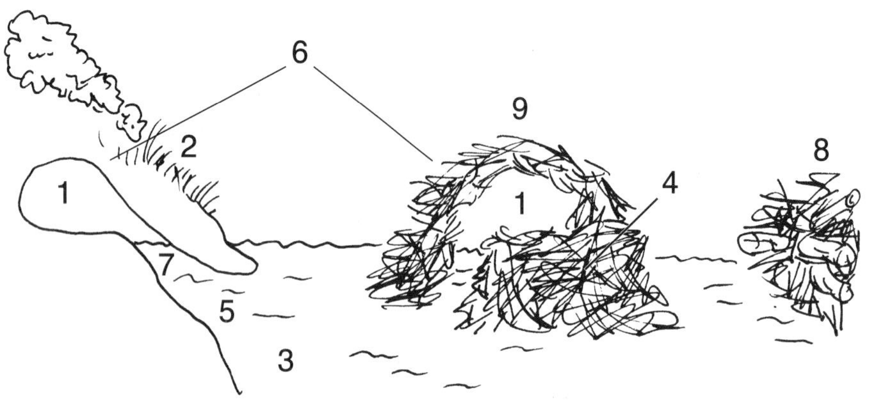

○ Wohnbauten	○ Biberdamm	○ Uferböschung
○ Eingang	○ kleiner Gang	○ Äste und Zweige
○ Wohnkessel	○ Biberburg	○ Wasser

23. Methode: Tabellen auswerten

Kompetenzerwartungen:

- Tabellen kennen und verstehen
- Tabellen Informationen entnehmen

Material:

- K23
- KV23 Tabelle
- KV 23 Fragen
- wasserlösliche Folienstifte in verschiedenen Farben

Vorbereitung und Einsatz:

- Kopieren und laminieren Sie die K23.
- Kopieren Sie die KV23 Tabelle und die KV23 Fragen im Klassensatz.
- Bieten Sie den Schülern eine Lösung zur Selbstkontrolle an.
- Die Schüler lesen die Tabelle genau und entnehmen daraus Informationen.

K23 Tabellen auswerten

Aufgabe:

Wichtige Informationen werden oft in Tabellen dargestellt. Dadurch sind sie besonders übersichtlich. Bei der Auswertung einer Tabelle musst du diese genau lesen, damit du die richtige Information findest. Manchmal hilft es, mit verschiedenen Farben zu arbeiten.

1. Lies die Tabelle und die Aufgaben, die du bearbeiten sollst.
2. Markiere dir wichtige Informationen in unterschiedlichen Farben.
3. Bearbeite dann die einzelnen Aufgaben.
4. Vergleiche mit deinem Partner.

Formuliere Aufgaben, die zu deinem Stundenplan passen. Dein Partner soll diese bearbeiten.

KV23 Tabellen auswerten (Tabelle)

Liebe Klasse 4a,

das ist euer **Stundenplan für das neue Schuljahr**. Alle Fächer, die wir zusammen haben, sind grau hinterlegt.

		Montag	Dienstag	Mittwoch	Donnerstag	Freitag
1.	8.00–8.45 Uhr	Mathematik	Musik	Deutsch	Deutsch	Musik
2.	8.45–9.30 Uhr	Deutsch	Deutsch	Deutsch	Mathematik	Sport
3.	9.50–10.35 Uhr	Sport	Mathematik	Mathematik	Sachunterricht	Deutsch
4.	10.35–11.20 Uhr	Sport	Sachunterricht	HSU	Englisch	Mathematik
5.	11.30–12.15 Uhr	Sachunterricht	Religion	Englisch	Religion	Werken
6.	12.15–13.00 Uhr	Kunst	Religion (kath.)		Förderunterricht	Werken

Meine Sprechstunde: Dienstag 11.30 Uhr–12.15 Uhr

Nachmittagsangebote von 14.00 Uhr–15.30 Uhr: Dienstag: AG Schulspiel,
Mittwoch: AG Schulchor,
Donnerstag: AG Computer

Kinder der **Mittagsbetreuung** bleiben bis 15.30 Uhr. Um 13.00 Uhr ist Mittagessen und danach Hausaufgaben- und Spielzeit.

Ich freue mich auf das gemeinsame Schuljahr mit euch.

Eure Lehrerin Emmi Bauer

KV23 Tabellen auswerten (Fragen)

Aufgaben zum Stundenplan der Klasse 4a

1. Welches Fach hat die Klasse 4a am Freitag in der zweiten Stunde? Kreuze an.

   O Musik O Mathematik O Sport O Deutsch

   Tipp: Gehe in der **Zeile „2."** ganz nach rechts bis zur **Spalte „Freitag"**.

2. Wie viele Stunden hat die Klasse 4a bei Frau Bauer?

   ____ Stunden

   Tipp: Alle Fächer mit Frau Bauer sind grau hinterlegt.

3. Welche Fächer unterrichtet Frau Bauer in der Klasse 4a?

   ____

   ____

   Tipp: Es sind sieben verschiedene Fächer.

4. Wie viele Minuten dauern die Pausen?

   Die erste Pause dauert ____ Minuten.

   Die zweite Pause dauert ____ Minuten.

   Tipp: Die erste Pause ist zwischen der zweiten und der dritten Stunde. Die zweite Pause ist zwischen der vierten und der fünften Stunde.

5. An welchen Tagen hat die Klasse 4a Musik?

   ____

   Tipp: Die Klasse 4a hat an zwei Tagen Musik.

6. Tom möchte mehr über das Internet erfahren. Welche AG würde zu ihm passen?

   ____

   Tipp: Es gibt drei verschiedene AGs im Nachmittagsangebot.

7. Welche Dinge muss Tina am Mittwoch mit in die Schule nehmen? Kreuze an.

   O Mathematikheft O Kinderbibel O Lesebuch O Sportsachen

   Tipp: Zwei der Dinge braucht sie, zwei nicht.

KV23 Tabellen auswerten (Fragen)

Aufgaben zum Stundenplan der Klasse 4a

1. Welches Fach hat die Klasse 4a am Freitag in der zweiten Stunde? Kreuze an.

   ○ Musik ○ Mathematik ○ Sport ○ Deutsch

2. Wie viele Stunden hat die Klasse 4a bei Frau Bauer?

   ____ Stunden

3. Welche Fächer unterrichtet Frau Bauer in der Klasse 4a?

   ____

   ____

4. Wie viele Minuten dauern die Pausen?

   Die erste Pause dauert ____ Minuten.

   Die zweite Pause dauert ____ Minuten.

5. An welchen Tagen hat die Klasse 4a Musik?

   ____

6. Tom möchte mehr über das Internet erfahren. Welche AG würde zu ihm passen?

   ____

7. Welche Dinge muss Tina am Mittwoch mit in die Schule nehmen? Kreuze an.

   ○ Mathematikheft ○ Kinderbibel ○ Lesebuch ○ Sportsachen

24. Methode: Texte reflektieren und diskutieren

Kompetenzerwartungen:

- Texten Informationen entnehmen
- zu Texten Stellung beziehen
- mit anderen über Texte sprechen

Material:

- K24
- KV24 Lesetext
- KV24 Aufgaben
- Buntstifte in Grün, Rot und Blau

Vorbereitung und Einsatz:

- Kopieren und laminieren Sie die K24.
- Kopieren Sie die KV24 Lesetext im Klassensatz.
- Kopieren, laminieren und zerschneiden Sie die KV24 Aufgaben.
- Die Schüler lesen den Text, wählen einzelne Aufgaben dazu aus und diskutieren darüber in der Gruppe.

K24 Texte reflektieren und diskutieren

Aufgabe:

1. Suche dir zwei bis drei Mitschüler.
2. Lest den Text und die Aufgaben.
3. Wählt euch eine der Aufgaben aus und diskutiert darüber.

Überlegt euch eine eigene Aufgabe zum Text, über die ihr diskutieren könnt. Macht euch dazu Notizen und präsentiert eure Überlegungen euren Mitschülern.

KV24 Texte reflektieren und diskutieren (Lesetext)

Die Schulhausordnung

„Ich glaube, wir müssen uns einmal über ein paar Regeln unterhalten“, meinte Herr Graf und forderte seine Klasse auf, einen Sitzkreis zu bilden. „Einige Dinge laufen in letzter Zeit nicht so, wie wir Lehrer uns das vorstellen.“ Mit diesen Worten verteilte er an alle Mädchen und Jungen der 4b ein Blatt, auf dem oben

Hausordnung der Grundschule am Vogelgarten

stand. Herr Graf bat seine Klasse, den Text erst einmal leise zu lesen.

In unserer Schule gibt es kein Recht des Stärkeren.
Streitigkeiten werden vernünftig gelöst.
Im Schulhaus wird nicht gerannt, nicht gerauft – auch nicht zum Spaß – und auch nicht geschrien.

<u>Vor dem Unterricht</u>
- Von 7.30 Uhr bis 7.45 Uhr warte ich in der Vorhalle, bis mich die Lehrer hineinlassen.
- Ab 7.45 Uhr (nicht vorher!) darf ich ins Schulhaus und dann ins Klassenzimmer gehen. Dort bereite ich mich auf den Unterricht vor.
- Wenn ich das Schulhaus betrete, streife ich meine Schuhe gründlich ab. Dies gilt auch nach den Pausen.

<u>Auf den Gängen – in der Garderobe</u>
- Ich renne nicht, sondern gehe.
- Ich räume meine Kleidung und meine Schuhe ordentlich auf.
- Weil ich nicht möchte, dass jemand meine Jacke oder meine Schuhe versteckt, mache ich es auch nicht.
- Wenn ich beim Stundenwechsel in ein anderes Klassenzimmer (oder in die Turnhalle) gehe, verhalte ich mich so leise, dass ich die anderen Klassen nicht störe.

<u>Auf der Toilette</u>
- Ich benehme mich ordentlich.
- Ich klettere nicht über die Wände.
- Ich werfe nicht zu viel Papier in die Toilette.
- Ich verlasse die Toilette sauber.
- Ich wasche mir die Hände.

<u>Im Klassenzimmer und im Unterricht</u>
- Ich halte mich an vereinbarte Gesprächsregeln.
- Ich laufe nicht unnötig im Klassenzimmer herum.
- Ich halte unter meiner Bank Ordnung und verlasse das Klassenzimmer erst, wenn ich aufgeräumt habe.
- Ich trinke nur zum Stundenwechsel.

<u>In den Pausen</u>
- Bei kleinen Streitigkeiten bin ich vernünftig und gehe weg, bei schlimmen Streitigkeiten gehe ich zu den Streitschlichtern oder zur Pausenaufsicht.
- Ich halte den Pausenhof sauber.
- Ich stelle mich am Ende der Pause ordentlich an.

KV24 Texte reflektieren und diskutieren (Aufgaben)

1. Suche dir aus dem Bereich „Vor dem Unterricht“ die für dich wichtigste Regel aus. Unterstreiche sie grün. Erkläre, warum sie eingehalten werden muss. Diskutiere darüber in der Gruppe.
2. Unterstreiche die Regel „Ich renne nicht, sondern gehe.“ rot. Weshalb dient sie deiner Sicherheit? Besprich dein Ergebnis in der Gruppe.
3. Gilt die Regel „Ich verlasse die Toilette sauber.“ auch zu Hause? Wenn ja, unterstreiche sie blau. Diskutiere darüber in der Gruppe.
4. Besprich in der Gruppe, warum man in der Schule mehr Regeln braucht als zu Hause. Denke dabei zum Beispiel daran, wie viele Menschen in der Schule zusammen sind und wie viele Personen ihr zu Hause seid.
5. Überlegt euch gemeinsam, was Kinder tun müssen, die sich nicht an die Regeln halten. Schreibt eure Ideen auf. Erinnerst du dich an eine Strafe, die dein Lehrer schon einmal verhängt hat?
6. Nenne zwei weitere Beispiele, bei denen man unbedingt Regeln braucht. Tausche dich mit deiner Gruppe aus. Vielleicht fällt dir etwas ein, wenn du an Spiele oder Sportarten aus deiner Freizeit denkst.

KV24 Texte reflektieren und diskutieren (Aufgaben)

1. Suche dir aus jedem Bereich die für dich wichtigste Regel aus. Unterstreiche sie grün. Erkläre, warum sie eingehalten werden muss. Diskutiere darüber in der Gruppe.
2. Finde heraus, welche Regeln deiner Sicherheit dienen. Unterstreiche sie rot. Besprich dein Ergebnis in der Gruppe.
3. Überlege dir, welche Regeln auch zu Hause gelten. Unterstreiche sie blau. Diskutiere darüber in der Gruppe.
4. Braucht man in der Schule mehr Regeln als zu Hause? Diskutiere darüber in der Gruppe.
5. Überlegt euch gemeinsam, was Kinder tun müssen, die sich nicht an die Regeln halten. Schreibt eure Ideen auf.
6. Nenne zwei weitere Beispiele, bei denen man unbedingt Regeln braucht. Tausche dich mit deiner Gruppe aus.

25. Methode: Zeitungsbericht mit W-Fragen erschließen

Kompetenzerwartungen:

- Zeitungsberichten Informationen entnehmen
- Zeitungsberichte durch W-Fragen erschließen
- Informationen zu unterschiedlichen Standpunkten sammeln und vergleichen
- eigene Gedanken zu Texten entwickeln, zu Texten Stellung nehmen und mit anderen über Texte sprechen

Material:

- K25
- KV25

Vorbereitung und Einsatz:

- Kopieren und laminieren Sie die K25.
- Kopieren Sie die KV25 im Klassensatz.
- Bieten Sie den Schülern eine Lösung zur Selbstkontrolle an.
- Die Schüler lesen den Zeitungsbericht, beantworten dazu W-Fragen, vergleichen verschiedene Standpunkte, bilden sich ihre eigene Meinung und diskutieren darüber in der Gruppe.

K25 Zeitungsbericht mit W-Fragen erschließen

Aufgabe:

1. Lies den Zeitungsbericht.
2. Beantworte die W-Fragen.
3. Notiere die Argumente für und gegen den Biber und vergleiche sie.
4. Bilde dir deine eigene Meinung.
5. Suche dir zwei bis drei Mitschüler und diskutiere mit ihnen über deine Meinung.

Suche dir einen eigenen Zeitungsbericht. Lies ihn aufmerksam durch. Schreibe dir die wichtigsten Informationen mithilfe der W-Fragen auf.

KV25 Zeitungsbericht mit W-Fragen erschließen

Biber in Schrobenhausen – Segen oder Plage?

In der Nacht zum vergangenen Samstag richtete eine Biberfamilie in der Nähe von Schrobenhausen großen Schaden an.

Die Nagetiere fällten in nur einer Nacht insgesamt zwölf Buchen. Die Bäume waren entlang des Flusses gepflanzt worden, um das Ufer zu befestigen.

Bereits vor einem Monat beklagte ein Landwirt mehrere angenagte und gefällte Bäume. „Die Biber scheinen sich zu einer Plage zu entwickeln. Sie zerstören wichtige Uferbepflanzungen“, sagte der geschädigte Landwirt. Die Landwirte fordern deshalb eine Umsiedlung der Nagetiere.

In Deutschland gab es bis vor einigen Jahren nur wenige Biber. Vor allem wegen ihres Fells wurden Biber gejagt. Seit etwa zwanzig Jahren bemüht man sich, den Biber auch in Schrobenhausen wieder anzusiedeln.

Naturschützer sind erfreut über die gute Entwicklung. „Dass bei uns viele Biber leben, ist ein gutes Zeichen. Biber sind wichtig für unsere Natur“, so Frau Eibel vom Biber-Naturbund. „Wir sollten froh sein über diese Entwicklung, statt die Biber wieder loswerden zu wollen.“

Insgesamt gibt es verschiedene Standpunkte zu diesem Thema. Ist der Biber ein Segen für die Natur, oder aber eine Plage? Klar ist, dass wichtige Entscheidungen für die Zukunft der Biber getroffen werden müssen. Ob es tatsächlich zu einer Umsiedlung der Biberfamilie kommt, muss nun der Stadtrat entscheiden.

Beantworte die folgenden W-Fragen. Unterstreiche sie in verschiedenen Farben im Text. Die Zeilenangaben helfen dir dabei.

- **Was** ist geschehen? (Zeilen 1–3)
- **Wo** ist es geschehen? (Zeilen 1–4)
- **Wann** ist es geschehen? (Zeile 1)
- **Wer** war beteiligt? (Zeile 1)
- **Welche Folgen** gibt es? (Zeilen 6–8)

Notiere die Argumente für und gegen den Biber. Der Landwirt nennt Argumente gegen den Biber, die Naturschützer Argumente für sie.

Argumente für den Biber:	**Argumente gegen den Biber:**
______________________	______________________
______________________	______________________
______________________	______________________
______________________	______________________

KV25 Zeitungsbericht mit W-Fragen erschließen

Biber in Schrobenhausen – Segen oder Plage?

In der Nacht zum vergangenen Samstag richtete eine Biberfamilie in der Nähe von Schrobenhausen großen Schaden an.
Die Nagetiere fällten in nur einer Nacht insgesamt zwölf Buchen. Die Bäume waren entlang des Flusses gepflanzt worden, um das Ufer zu befestigen.
Bereits vor einem Monat beklagte ein Landwirt mehrere angenagte und gefällte Bäume. „Die Biber scheinen sich zu einer Plage zu entwickeln. Sie zerstören wichtige Uferbepflanzungen", sagte der geschädigte Landwirt. Die Landwirte fordern deshalb eine Umsiedlung der Nagetiere.
In Deutschland gab es bis vor einigen Jahren nur wenige Biber. Vor allem wegen ihres Fells wurden Biber gejagt. Seit etwa zwanzig Jahren bemüht man sich, den Biber auch in Schrobenhausen wieder anzusiedeln.
Naturschützer sind erfreut über die gute Entwicklung. „Dass bei uns viele Biber leben, ist ein gutes Zeichen. Biber sind wichtig für unsere Natur", so Frau Eibel vom Biber-Naturbund. „Wir sollten froh sein über diese Entwicklung, statt die Biber wieder loswerden zu wollen."
Insgesamt gibt es verschiedene Standpunkte zu diesem Thema. Ist der Biber ein Segen für die Natur, oder aber eine Plage? Klar ist, dass wichtige Entscheidungen für die Zukunft der Biber getroffen werden müssen. Ob es tatsächlich zu einer Umsiedlung der Biberfamilie kommt, muss nun der Stadtrat entscheiden.

Beantworte die folgenden W-Fragen. Unterstreiche sie in verschiedenen Farben im Text.

- **Was** ist geschehen?
- **Wo** ist es geschehen?
- **Wann** ist es geschehen?
- **Wer** war beteiligt?
- **Welche Folgen** gibt es?

Notiere die Argumente für und gegen den Biber.

Argumente für den Biber:	**Argumente gegen den Biber:**
___________	___________
___________	___________
___________	___________
___________	___________

26. Methode: Ein Leseplakat zu einer Erzählung erstellen

Kompetenzerwartungen:

- Texte genau lesen
- gezielt einzelne Informationen suchen
- zentrale Aussagen eines Textes erfassen und wiedergeben
- Sensibilität für die Gedanken, Gefühle und zwischenmenschliche Beziehungen der Figuren zeigen
- Schreibabsicht des Autors erschließen

Material:

- K26
- KV26 Lesetext
- KV26 Fragen
- KV26 Leseplakat in DIN A3
- Buntstifte und dicke Filzstifte

Vorbereitung und Einsatz:

- Kopieren und laminieren Sie die K26.
- Kopieren Sie die KV26 Lesetext und die KV26 Fragen im Klassensatz.
- Kopieren Sie die KV26 Leseplakat für jede Gruppe in DIN A3.
- Die Schüler lesen die Erzählung und die Aufgaben. Sie bearbeiten die Aufgaben und halten ihre Ergebnisse auf dem Leseplakat fest.

K26 Ein Leseplakat zu einer Erzählung erstellen

Aufgabe:

1. Lies die Erzählung.
2. Löse die einzelnen Aufgaben.
3. Suche dir zwei bis drei Mitschüler und gestalte zusammen mit ihnen mithilfe eurer Lösungen ein Leseplakat.

Suche dir eine eigene Erzählung. Gestalte zu ihr ein Leseplakat.

KV26 Ein Leseplakat zu einer Erzählung erstellen (Lesetext 1)

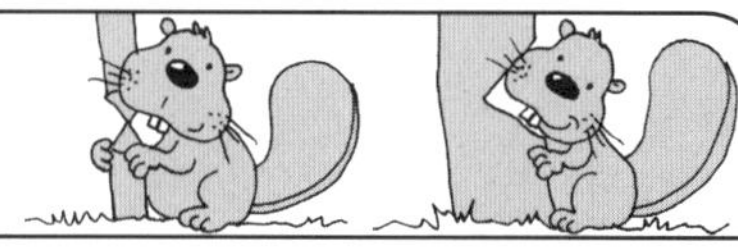

Wandertag

1) „Am Freitag machen wir einen Wandertag", erklärte Herr Krause seiner Klasse kurz vor Schulschluss. „Das Ziel wird aber noch nicht verraten." Ein lautes „Juhu" und viele weitere Freudenschreie erfüllten das Klassenzimmer. Einige Jungen gingen in ihrer Freude so weit, dass Herr Krause sie mit beruhigenden Handbewegungen wieder auf den Teppich holen musste. Auch die Mädchen waren von dem Vorschlag ihres Klassenlehrers ganz begeistert und schlossen sich schon, obwohl noch keiner etwas davon gesagt hatte, in kleinen Gruppen zusammen. Nach der Verabschiedung stürmten alle auf den Gang und in teilweise wagemutigen Sprüngen über die Treppe nach draußen. Schließlich war heute der erste richtig schöne Sommertag, was ihr netter Klassenlehrer bei der Hausaufgabe berücksichtigt hatte. Und dann noch der Wandertag – einfach super!

2) Alle waren gut gelaunt, bis auf Anton. Er ging wie jeden Tag alleine und ganz langsam die Treppen hinunter und machte sich dann auf seinen langen Heimweg. Er wohnte ganz am Ende der Siedlung und dort gab es fast keine Familien mit Kindern. Seine Eltern waren mit ihm erst vor einem Jahr aus Norddeutschland nach Bayern gezogen und sagten immer: „Du wirst dich schon noch eingewöhnen. Du findest bestimmt bald Freunde."

3) Anton hatte sich schon oft überlegt, wen er gerne zum Freund hätte. Da war zum Beispiel Sven. Sven war so ziemlich der stärkste Junge in der ganzen Schule, mit Abstand der beste Sportler und alle hatten Respekt vor ihm. Oder Manuel: Er war einfach immer gut drauf, konnte ganz locker mit jedem Spaß haben oder tolle Sachen organisieren. Er war einfach cool. Manuel hatte ihn sogar schon einmal angesprochen, ob er nicht mitspielen wollte. Aber Anton war zu überrascht gewesen, hatte sich nicht so recht getraut, irgendeine blöde Ausrede erfunden und war dann weggegangen. Später tat ihm das natürlich furchtbar leid. Und da gab es noch viele andere Jungen, die er bewunderte. Auch einige Mädchen gefielen ihm recht gut, besonders die immer gut gelaunte Lisa mit ihren süßen Zöpfen. Aber Lisa anzusprechen hätte er sich nie im Leben getraut. Bestimmt hätte sie ihn einfach stehen lassen oder vielleicht sogar ausgelacht.

4) Anton war schon fast zu Hause, da fiel ihm schlagartig dieser blöde Wandertag wieder ein. Er dachte daran, wie sich seine Klassenkameraden darüber freuten, und fühlte sich überhaupt nicht gut. Er hatte fast ein bisschen Bauchweh bei dem Gedanken. An einem normalen Unterrichtstag in der Klasse zu sitzen ging ja so einigermaßen und die Pausen vergingen auch immer irgendwann und irgendwie. Aber an einem Wandertag konnte das Alleinsein noch viel schlimmer sein als sonst.

5) Nur mit wem sollte er darüber sprechen? Er hätte so gerne einen großen Bruder gehabt, aber er hatte gar keine Geschwister. Sein Opa lebte schon seit einem halben Jahr in einem Altersheim und seine Eltern sagten nur immer: „Das wird schon werden. Stell dich nicht so an!" Die hatten gut reden.

KV26 Ein Leseplakat zu einer Erzählung erstellen (Lesetext 2)

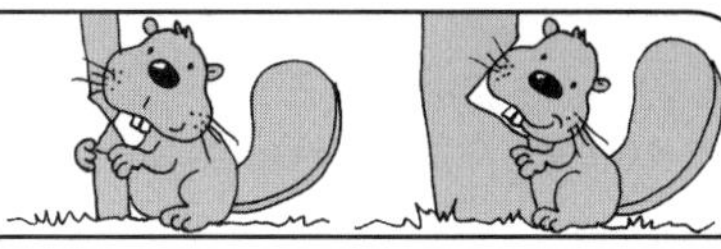

6) Es war Freitag. Herr Krause hatte sich für den Wandertag ein tolles Programm ausgedacht: Tropfsteinhöhle, Abenteuerspielplatz, Streichelzoo und sogar eine Fahrt mit dem Schiff auf der Donau. Die ganze Klasse war gut gelaunt und wartete vor der Schule auf den Bus. Anton stand in der Nähe seines Lehrers, als der ihn plötzlich bat, auf seinen Rucksack aufzupassen, weil er noch kurz mit dem Hausmeister reden musste. Anton war richtig erschrocken. „Wirklich ich?“, dachte er. „Warum ich und nicht der Klassensprecher oder sonst jemand aus der Klasse?“ Auch einige Jungen und Mädchen aus der Klasse schienen sich das zu fragen. Sie schauten Anton und den Rucksack des Lehrers an, sagten aber nichts. Herr Krause kam zurück und bedankte sich bei Anton.

7) „Der Bus hat wohl ein paar Minuten Verspätung“, meinte Herr Krause und wartete zusammen mit der Klasse an der Haltestelle. Direkt neben der Haltestelle war ein kleines Häuschen, in dem Frau Heigl wohnte. Sie war eine ältere, sehr nette Frau, die immer mit einem Rollator unterwegs war. Herr Krause hatte mit den Kindern schon einmal über so einen Rollator gesprochen und ihnen erklärt, dass eine solche Gehhilfe etwas ganz Normales und für ältere Menschen eine große Hilfe sei.

8) Als sich Anton gerade einen Kaugummi aus seinem Rucksack nehmen wollte, sah er, wie Frau Heigl zum Hoftor ging. Sie machte das Tor auf, ging etwas umständlich hindurch, blieb dabei mit einem Rad des Rollators hängen, stolperte und stürzte. Anton ließ seinen Rucksack fallen und lief, ohne zu überlegen, hin, um der alten Dame zu helfen. Mittlerweile hatte auch die Klasse gemerkt, was passiert war. Herr Krause eilte ebenfalls zu Frau Heigl, aber Anton hatte ihr schon aufgeholfen und den Rollator wieder in die richtige Position gebracht.

9) Alle in der Klasse schauten nur, keiner sagte etwas. Frau Heigl hatte sich zum Glück nicht verletzt, sie war ganz gerührt und bedankte sich vielmals bei Anton. Inzwischen war auch der Bus gekommen und alle stiegen ein. Anton setze sich und neben ihn setzte sich Markus, mit dem Anton eigentlich noch nie etwas tun gehabt hatte.

10) Es war ein wunderbarer Wandertag, das Wetter war toll und Anton erzählte Lukas und Moritz beim Streichelzoo, dass er auch einen Hasen hatte. Das ging plötzlich wie von selbst. Beim Abenteuerspielplatz war Anton unter den letzten drei Kindern, die es schafften, auf einem zehn Meter langen Baumstamm freihändig zu balancieren, ohne in den Krokodilsgraben zu stürzen. In der Mittagspause spielten die Jungen Fußball und die Mädchen feuerten die beiden Mannschaften an. Anton spielte auch mit und das, obwohl er noch nie so richtig in einer Mannschaft gespielt hatte. Einmal, so glaubte er, lächelte Lisa ihm dabei sogar zu. Und am nächsten Tag in der Schule war alles ganz anders als früher.

KV26 Ein Leseplakat zu einer Erzählung erstellen (Fragen)

1. Ordne jedem Abschnitt eine der Teilüberschriften zu und nummeriere sie.

◯ Bewunderung	◯ Frau Heigls Rollator
◯ Der Neue	◯ Keiner zum Reden
◯ Schnelle Hilfe	◯ Mögliche Freunde
◯ Angst vor dem Wandertag	◯ Der Rucksack
◯ Neue Freunde	◯ Eine tolle Überraschung

2. Welche Personen kommen in der Erzählung vor? Unterstreiche sie im Text. Wähle eine der Personen aus und notiere, was du über sie erfährst.

3. Wie fühlt sich die Hauptfigur? Überlege dir für jeden Abschnitt, in dem die Hauptfigur vorkommt, mindestens ein passendes Adjektiv. Teile die Adjektive in gute und schlechte Gefühle.

4. Was möchte der Autor der Erzählung erreichen? Vielleicht gab es bei dir schon einmal eine ähnliche Situation?

KV26 Ein Leseplakat zu einer Erzählung erstellen (Fragen)

1. Überlege dir zu jedem der zehn Abschnitte eine Teilüberschrift. Schreibe sie auf.

1) ____________________	2) ____________________
3) ____________________	4) ____________________
5) ____________________	6) ____________________
7) ____________________	8) ____________________
9) ____________________	10) ____________________

2. Welche Personen kommen in der Erzählung vor? Unterstreiche sie im Text. Wähle zwei der Personen aus und notiere, was du über sie erfährst.

3. Wie fühlt sich die Hauptfigur? Überlege dir für jeden Abschnitt, in dem die Hauptfigur vorkommt, mindestens ein passendes Adjektiv. Teile die Adjektive in gute und schlechte Gefühle.

4. Was möchte der Autor der Erzählung erreichen?

KV26 Ein Leseplakat zu einer Erzählung erstellen (Leseplakat)

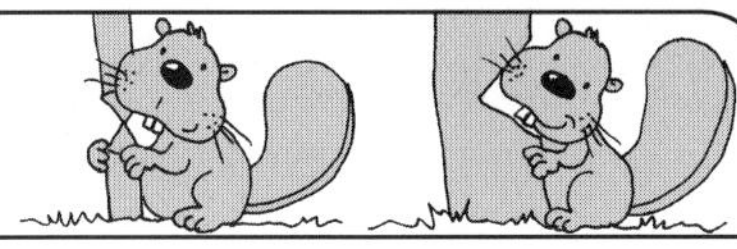

Titel: ____________

Personen: ____________

Gefühle der Hauptfigur: ☹ ☺

Absicht des Autors: ____________

1) ____________

2) ____________

3) ____________

4) ____________

5) ____________

6) ____________

7) ____________

8) ____________

9) ____________

10) ____________

27. Methode: Ein Gedicht szenisch darstellen

Kompetenzerwartungen:

- das Gedicht als literarische Gattung kennen
- ein Gedicht zum Vorlesen vorbereiten und sinngestaltend vorlesen
- handelnd mit einem Gedicht umgehen

Material:

- K27
- KV27 Gedicht
- KV27 Karten
- KV27 Tipps
- wasserlösliche Folienstifte

Vorbereitung und Einsatz:

- Kopieren und laminieren Sie die K27.
- Kopieren Sie die KV27 Gedicht im Klassensatz.
- Kopieren, laminieren und zerschneiden Sie die KV27 Karten und die KV27 Tipps.
- Die Schüler lesen das Gedicht, markieren die Reimwörter und üben das sinngestaltende Vorlesen. Anschließend verteilen sie in der Gruppe die Rollen, die im Gedicht vorkommen, überlegen sich, wie sie das Gedicht szenisch darstellen können, und präsentieren es ihren Mitschülern.

K27 Ein Gedicht szenisch darstellen

Aufgabe:

Ein Gedicht besteht oft aus mehreren Strophen.
Die Strophen gliedern das Gedicht und helfen dir bei der szenischen Gestaltung, das Gedicht in kleinere Teile zu zerlegen.
Beim Vortragen des Gedichts solltest du darauf achten, die Reimwörter besonders zu betonen.

1. Lies das Gedicht.
2. Markiere die Reimwörter.
3. Übe das sinngestaltende Vorlesen mit einem Partner.
4. Sucht euch vier Mitschüler.
5. Überlegt euch zu jeder Strophe, wie ihr sie szenisch darstellen könnt. Die Rollenkarten helfen euch dabei.
6. Präsentiert das Gedicht eurer Klasse.

Sucht euch ein weiteres Gedicht und gestaltet es szenisch.

KV27 Ein Gedicht szenisch darstellen (Gedicht)

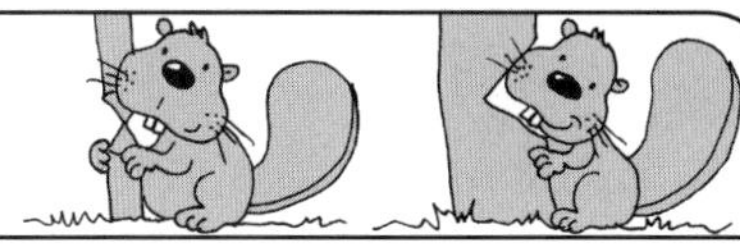

Der kleine Braunbär Berti Brumm

Der kleine Braunbär Berti Brumm,
trifft seine Freundin Susi Summ.
Er fragte sie dann gleich und hier:
„Wollen wir spielen heute um vier?“

Da kommt der Hase Hugo Hops,
im Schlepptau hat er Momo Mops.
Er meint: „Jetzt fehlt nur Katja Kralle,
und dann wären wir endlich alle.“

Die eitle Katze Katja Kralle,
lauert an der Mäusefalle.
Sie wartet auf die fette Beute,
sie hat noch nichts gefressen heute.

Alle Tiere rufen nach der feinen Frau,
doch Katja Kralle, die ist schlau.
Sie schleicht sich vorsichtig heran,
damit die Truppe sie nicht sehen kann.

Während alle fröhlich plaudern,
denkt die Katzendame: „Euch wird gleich schaudern.“
Mit einem Satz springt sie aus dem Versteck
und ruft: „Hier bin ich!“ aus dem Eck.

Alle Tiere sind furchtbar erschrocken.
Berti Brumm stolpert fast über einen Steinsbrocken.
Susi Summ schreit auf sehr laut
und Hase Hugo ganz belämmert schaut.

Momo Mops fragt ganz erstaunt:
„Warum bist du denn so gut gelaunt?“
Da meint die Katzendame: „Es ist doch vier
und wir treffen uns zum Spielen hier.“

KV27 Ein Gedicht szenisch darstellen (Karten)

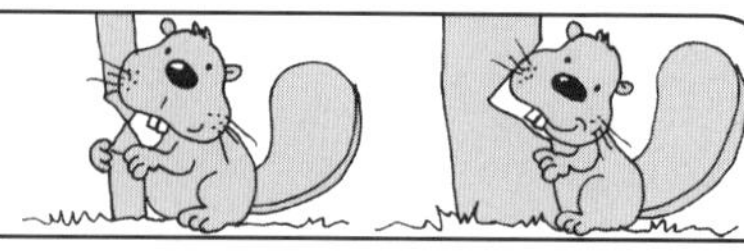

Berti Brumm Tierart: __________ Eigenschaften: __________ __________ __________ Schüler: __________	**Susi Summ** Tierart: __________ Eigenschaften: __________ __________ __________ Schüler: __________
Hugo Hops Tierart: __________ Eigenschaften: __________ __________ __________ Schüler: __________	**Momo Mops** Tierart: __________ Eigenschaften: __________ __________ __________ Schüler: __________
Katja Kralle Tierart: __________ Eigenschaften: __________ __________ __________ Schüler: __________	**Vorleser** Schüler: __________ __________

KV27 Ein Gedicht szenisch darstellen (Tipps)

Tierarten: Katze, Hund, Bär, Hase, Biene

Eigenschaften: fleißig und aufgeregt, fröhlich und intelligent, lustig und hoppelnd, fein und eitel, dick und gemütlich

28. Methode: Reihenfolge in Anleitungen beachten

Kompetenzerwartungen:

- die Bastelanleitung als eine Sorte von Gebrauchstexten kennen
- Informationen erfassen und handelnd umsetzen

Material:

- K28
- KV28
- DIN-A4-Blätter
- wasserlösliche Folienstifte

Vorbereitung und Einsatz:

- Kopieren und laminieren Sie die K28.
- Kopieren, laminieren und zerschneiden Sie die KV28. Nummerieren Sie bei der einfacheren Version die Bilder in der richtigen Reihenfolge.
- Die Schüler lesen die einzelnen Schritte der Bastelanleitung, ordnen sie den Bildern zu, lesen die komplette Anleitung in der richtigen Reihenfolge und basteln sie nach.

K28 Reihenfolge in Anleitungen beachten

Aufgabe:

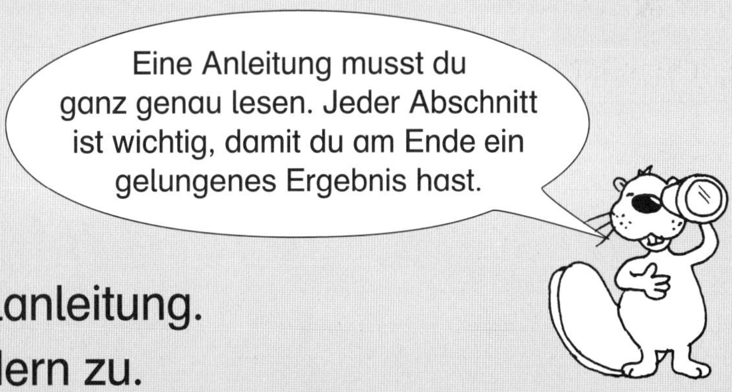

1. Lies die einzelnen Schritte der Bastelanleitung.
2. Ordne sie den Bildern zu.
3. Lies die Anleitung nun in der richtigen Reihenfolge.
4. Bastle nach Anleitung.

Lies die Anleitung deinem Partner vor.
Kann er sie richtig umsetzen?

KV28 Reihenfolge in Anleitungen beachten

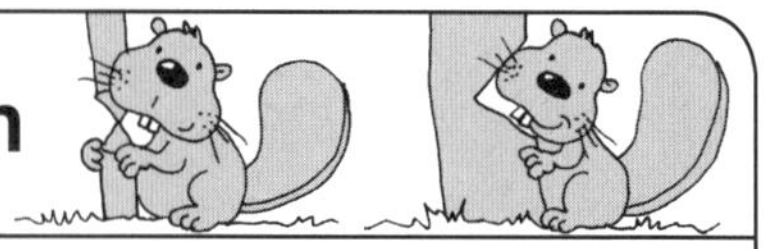

◯ **Der Papierflieger**	◯ Nimm dir ein DIN-A4-Blatt. Lege es hochkant vor dich.	◯ Falte das Blatt der Länge nach, sodass die Kanten exakt aufeinanderliegen.
◯ Falte das Blatt wieder auf. Du siehst in der Mitte eine gerade Faltlinie.	◯ Falte nun die rechte obere Ecke zur Mitte.	◯ Ebenso faltest du die linke obere Ecke zur Mitte.
◯ Du siehst nun zwei kleine Dreiecke. Falte auf der rechten Seite die äußere Ecke zur Mitte.	◯ Genauso faltest du die linke äußere Ecke zur Mitte. Dein Flieger hat nun oben eine pfeilschnelle Spitze.	◯ Klappe nun die erste Tragfläche um. Es sollte ein etwa zwei Zentimeter großer Steg in der Mitte bleiben.
◯ Wende deinen kompletten Flieger.	◯ Klappe dann die zweite Tragefläche um.	◯ Fertig ist dein pfeilschneller Papierflieger. Fasse ihn am Steg und lasse ihn in die Luft abheben.

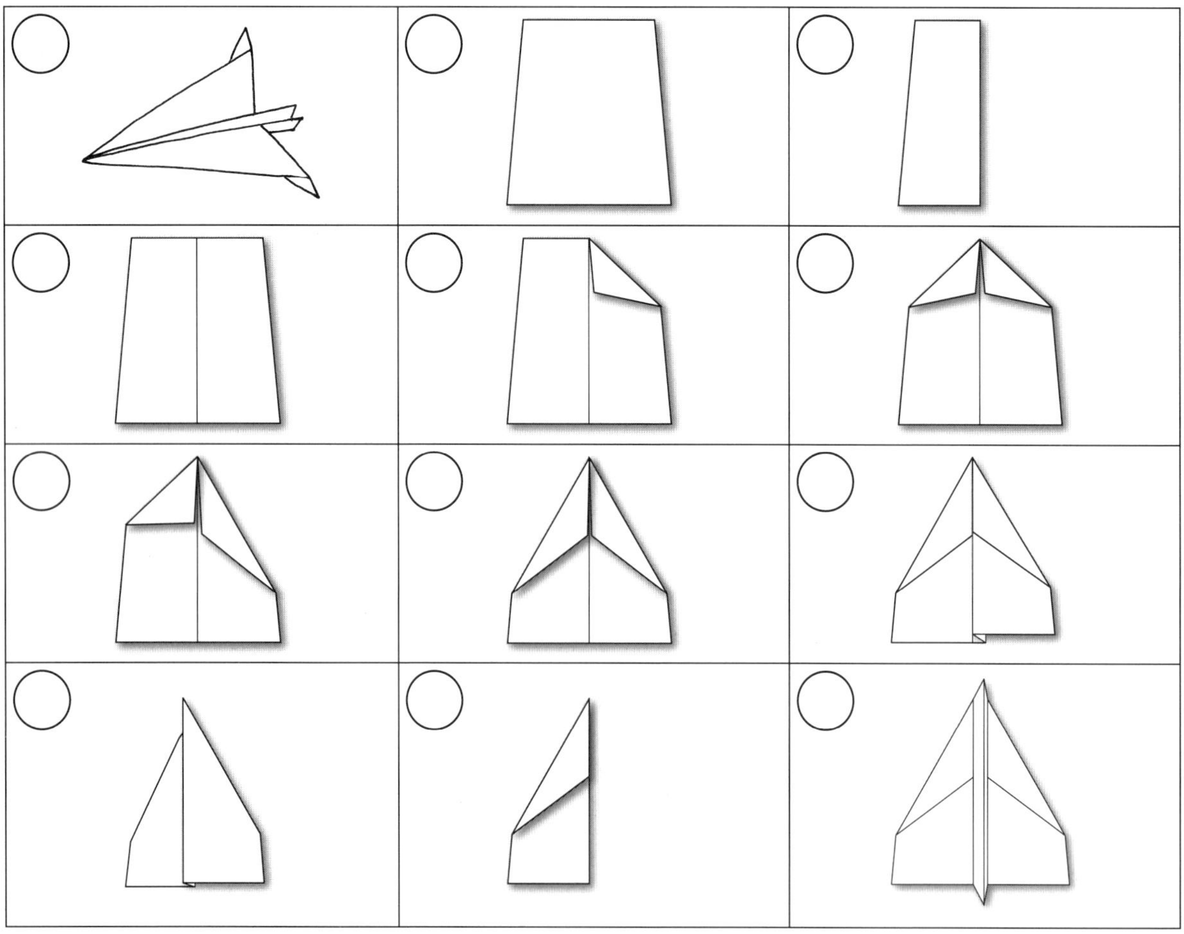

29. Methode: Autoren kennenlernen

Kompetenzerwartungen:

- Interesse an Kinderliteratur entwickeln
- Autoren kennenlernen
- Informationen selbstständig finden und präsentieren
- Präsentationsformen kennen und nutzen

Material:

- K29
- KV29 Lesetext
- KV29 Tipps
- KV29 Steckbrief
- Bleistift oder Füller und Buntstifte
- Computer mit Internetzugang

Vorbereitung und Einsatz:

- Kopieren und laminieren Sie die K29.
- Kopieren Sie die KV29 Lesetext, die KV29 Tipps und die KV29 Steckbrief im Klassensatz.
- Die Schüler lesen den Informationstext über Cornelia Funke, sie füllen den Steckbrief aus und präsentieren ihn ihrem Partner.

K29 Autoren kennenlernen

Aufgabe:

Jeder Text, den du liest, hat einen Autor.
Oft verstehst du einen Text noch besser, wenn du etwas über seinen Autor weißt. Außerdem ist es sehr interessant, etwas über die Person zu erfahren, die etwas geschrieben hat, was du gerne liest.

1. Lies den Informationstext über Cornelia Funke.
2. Fülle den Steckbrief aus.
3. Präsentiere ihn deinem Partner.

Suche dir einen eigenen Autor aus. Recherchiere über ihn im Internet. Erstelle einen Steckbrief und präsentiere ihn deinen Mitschülern.

KV29 Autoren kennenlernen (Lesetext)

Cornelia Funke wurde 1958 in Dorsten geboren. Das ist ein Ort im Bundesland Nordrhein-Westfalen. Dort wuchs sie auf und besuchte die Schule bis zum Abitur. Sie machte eine Ausbildung als Erzieherin und arbeitete mit sozial benachteiligten Kindern. Zur gleichen Zeit studierte sie Buchillustration an der Fachhochschule für Gestaltung in Hamburg.

Anschließend illustrierte sie mehrere Kinderbücher. Dabei fiel ihr auf, dass sie die Geschichten nicht sehr spannend fand. Deshalb begann sie, selbst Kinderbücher zu schreiben. Ihre Bücher verkauften sich sehr gut. Zu ihren bekanntesten Werken zählen „Die wilden Hühner“, „Tintenherz“, „Herr der Diebe“ und „Die Glücksfee“. „Die wilden Hühner“ und „Tintenherz“ wurden sogar verfilmt. Die Kinderbuchautorin erhielt für ihre Werke zahlreiche Preise.

Cornelia Funke war verheiratet. Leider ist ihr Mann schon verstorben. Sie hat zwei Kinder, Anna und Ben. Heute lebt sie in Amerika.

Cornelia Funke interessiert sich sehr für die Umwelt. Sie unterstützt zum Beispiel Hilfsorganisationen wie Greenpeace.

Cornelia Funke schreibt humorvoll und spannend. Ihre Bücher gefallen sowohl Mädchen als auch Jungen. Sie will mit ihren Büchern Lust auf Lesen machen.

KV29 Autoren kennenlernen (Tipps)

Tipps zum Ausfüllen des Autorensteckbriefs:

Der **Name**, das **Geburtsjahr** und der **Geburtsort** stehen im ersten Abschnitt.
Dort erfährst du auch etwas über die **Kindheit** und **Ausbildung** der Autorin.
Der **Grund**, weshalb sie mit dem Schreiben begann, steht im zweiten Abschnitt. In diesem findest du auch einige **wichtige Werke**.
Im fünften Abschnitt kannst du etwas über den **Schreibstil** der Autorin lesen.
Weitere **interessante Dinge** stehen im dritten und vierten Abschnitt.

Unterstreiche jede wichtige Information in einer anderen Farbe. Dann findest du sie leichter, wenn du den Steckbrief ausfüllen möchtest.

KV29 Autoren kennenlernen (Steckbrief)

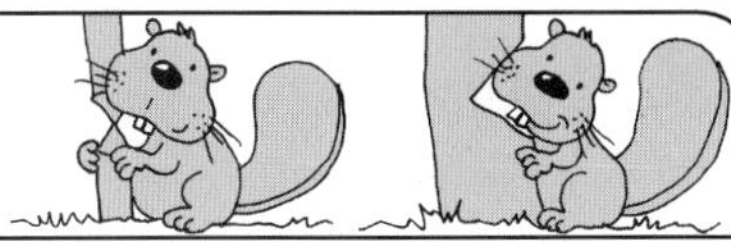

So sieht der Autor aus:

Autorensteckbrief

Name: ______________________________

Geburtstag: ___________________________

Geburtsort: ___________________________

Das weiß ich über seine/ihre Kindheit:

____

____

Das weiß ich über seine/ihre Ausbildung:

____

____

Das war der Grund, mit dem Schreiben zu beginnen:

____

Wichtige und bekannte Werke sind:

____

____

____

So würde ich den Schreibstil beschreiben:

____

____

Das habe ich sonst noch Interessantes herausgefunden:

____

____

____

30. Methode: Kinderliteratur untersuchen

Kompetenzerwartungen:

- Interesse an Kinderliteratur entwickeln
- Kinderliteratur kennenlernen
- zentrale Aussagen eines Kinderbuches erfassen und wiedergeben
- Kinderbücher kategorisieren

Material:

- K30
- KV30 Karteikarte
- KV30 Tipps
- Bücher aus der Klassen- oder der Schülerbücherei
- eine Schachtel, in der die Karteikarten geordnet und gesammelt werden können

Vorbereitung und Einsatz:

- Kopieren und laminieren Sie die K30.
- Kopieren Sie die KV30 Karteikarte und die KV30 Tipps im Klassensatz.
- Die Schüler wählen jeweils ein Buch, suchen sich darin alle Informationen, die sie zum Füllen der Karteikarte benötigen, und tragen die Informationen dort ein.

K30 Kinderliteratur untersuchen

Aufgabe:

1. Wähle ein Buch aus der Klassen- oder der Schülerbücherei.
2. Lies dir durch, was auf der Karteikarte steht.
3. Suche im Buch alle Informationen, die du zum Ausfüllen der Karteikarte benötigst und beschrifte sie.
4. Überlege dir zusammen mit deinen Mitschülern, wie ihr die Karteikarten ordnen könnt. Entscheidet euch für eine Möglichkeit und sammelt die Karten so in der Schachtel.

Wähle ein weiteres Buch aus der Klassen- oder Schülerbücherei und erstelle dazu eine Karteikarte.

KV30 Kinderliteratur untersuchen (Karteikarte)

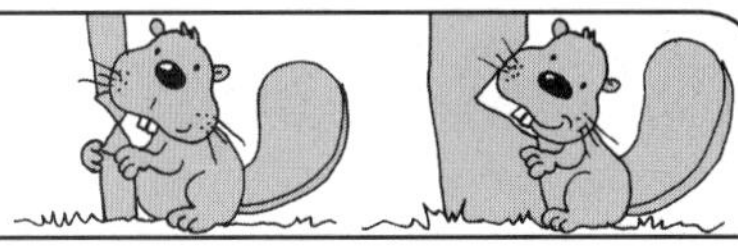

Titel: ______________________________

Autor: ______________________________

Verlag: ______________________________

Seitenzahl: ______________________________

Thema: ______________________________

Inhalt: ______________________________

____

____

____

Bewertung: ______________________________

KV30 Kinderliteratur untersuchen (Tipps)

Tipps zum Ordnen der Karteikarten:

- Ihr könnt die Bücher nach dem Alphabet ordnen. Entweder ordnet ihr die Titel oder die Nachnamen der Autoren nach dem Alphabet.
- Ihr könnt die Bücher nach Themen ordnen. Mögliche Themen wären: Abenteuer, Comics, Freundschaft, Schule, Sport und Tiere.
- Wenn ihr sehr viele Bücher habt, könnt ihr gleichzeitig nach Themen, Nachnamen der Autoren und Titeln der Bücher ordnen. Wenn in eurer Bücherei zum Beispiel die Bücher „Foul auf dem Bolzplatz“, „Im Fußballfieber“ und „Abenteuer auf Burg Schlotterfelsen“ stehen, die alle der Autor Peter Müller geschrieben hat, könnt ihr sie so ordnen:
  - „Abenteuer auf Burg Schlotterfelsen“ kommt in die Kategorie „Abenteuer“.
  - „Foul auf dem Bolzplatz“ und „Im Fußballfieber“ gehören beide in die Kategorie „Sport“. Weil der Buchstabe „F“ im Alphabet vor „I“ kommt, steht „Foul auf dem Bolzplatz“ in der Kartei vor „Im Fußballfieber“.

31. Methode: Einen Text zum Vorlesen vorbereiten

Kompetenzerwartungen:

- Strategien zur Vorbereitung eines Textes zum Vorlesen anwenden

Material:

- K31
- KV31 Vorlesetipps
- KV6 Leselineal
- Kopien von geeigneten Lesetexten in unterschiedlichen Schwierigkeitsstufen
- Buntstifte

Vorbereitung und Einsatz:

- Kopieren und laminieren Sie die K31.
- Kopieren Sie die KV31 Vorlesetipps im Klassensatz.
- Kopieren Sie die KV6 Leselineal, gestalten Sie es ansprechend, schneiden Sie das Sichtfenster aus und laminieren Sie es.
- Die Schüler wählen einen Text, bereiten diesen mithilfe der Tipps zum Vorlesen vor und präsentieren ihn ihren Mitschülern.

K31 Einen Text zum Vorlesen vorbereiten

Aufgabe:

1. Wähle einen beliebigen Text aus.
2. Bereite den Text nach den vorgegebenen Vorlesetipps vor.
3. Präsentiere ihn deinen Mitschülern.

Suche dir weitere Texte aus und bereite sie mithilfe der Tipps zum Vorlesen vor.

KV31 Einen Text zum Vorlesen vorbereiten (Vorlesetipps)

Vorlesetipps

1. Lies dir den Text mindesten zweimal leise durch. Lies langsam. Verwende das Leselineal. Hast du alles verstanden? Wenn nicht, lies noch einmal nach.
2. Markiere dir die Satzzeichen farbig. Bei Punkten machst du immer eine Pause. Bei einem Komma musst du selbst überlegen, ob eine Pause Sinn macht.
3. Lies dir den Text halblaut selbst vor. Passen die Pausen?
4. Welche Wörter sind schwierig zu lesen? Unterstreiche sie. Male dir Silbenbögen unter diese Wörter. Übe sie besonders gut.
5. Nun musst du deine Stimme noch gezielt einsetzen. Wann soll sie laut und wann soll sie leise sein? Kannst du sie an einer Stelle vielleicht sogar verstellen? Manchmal muss ein Wort besonders betont werden. Markiere dir die Stellen im Text.
6. Lies dir den Text noch einmal halblaut vor. Wenn alles passt, lies ihn einem Partner vor und lasse dir eine Rückmeldung geben.

KV31 Einen Text zum Vorlesen vorbereiten (Vorlesetipps)

Vorlesetipps

1. Lies dir den Text mindesten zweimal leise durch. Lies langsam. Verwende das Leselineal. Hast du alles verstanden? Wenn nicht, lies noch einmal nach.
2. Markiere dir die Satzzeichen farbig. Bei Punkten machst du immer eine Pause. Bei einem Komma musst du selbst überlegen, ob eine Pause Sinn macht.
3. Lies dir den Text halblaut selbst vor. Passen die Pausen?
4. Welche Wörter sind schwierig zu lesen? Unterstreiche sie. Male dir Silbenbögen unter diese Wörter. Übe sie besonders gut.
5. Nun musst du deine Stimme noch gezielt einsetzen. Wann soll sie laut und wann soll sie leise sein? Kannst du sie an einer Stelle vielleicht sogar verstellen? Manchmal muss ein Wort besonders betont werden. Markiere dir die Stellen im Text.
6. Lies dir den Text noch einmal halblaut vor. Wenn alles passt, lies ihn einem Partner vor und lasse dir eine Rückmeldung geben.

☆ Überlege dir, wie du bei deinem Vortrag Mimik und Gestik einsetzen kannst.

32. Methode: Einen Dialog präsentieren

Kompetenzerwartungen:

- Dialoge vortragen
- sinngestaltend, ausdrucksvoll und mit gezielt modellierter Stimme vorlesen
- Anführungszeichen lesetechnisch umsetzen
- mit dem Dialogpartner gestisch und mimisch zusammenspielen

Material:

- K32
- KV31 Vorlesetipps
- KV32 Tipps
- KV32 Lesetexte
- wasserlösliche Folienstifte in zwei verschiedenen Farben

Vorbereitung und Einsatz:

- Kopieren und laminieren Sie die K32.
- Kopieren Sie die KV31 Vorlesetipps im Klassensatz.
- Kopieren, laminieren und zerschneiden Sie die KV32 Tipps und KV32 Lesetexte (vergrößert auf DIN A3).
- Die Schüler wählen einen der Dialogtexte, üben zusammen mit ihrem Partner das Vorlesen und präsentieren den Dialog ihren Mitschülern.

K32 Einen Dialog präsentieren

Aufgabe:

Wenn du vorliest, was eine Person sagt, soll es so klingen, als wärst du diese Person und würdest nicht vorlesen, sondern tatsächlich sprechen. Setze deine Stimme so ein wie ein Schauspieler.

1. Wähle zusammen mit deinem Partner einen der Texte aus.
2. Zuerst liest jeder von euch den Text für sich alleine.
3. Überlegt euch nun, wie die Figuren im Text etwas sagen, was sie dabei fühlen und welche Stimmlage dazu passen könnte.
4. Verteilt die Rollen und markiert eure Sätze.
5. Bereitet den Dialog zum Vorlesen vor. Denkt dabei an die Vorlesetipps.
6. Präsentiert den Dialog nun euren Mitschülern.

Überlege dir zusammen mit deinem Partner einen kurzen Dialog. Bereitet ihn vor und präsentiert ihn euren Mitschülern.

KV32 Einen Dialog präsentieren (Tipps)

Welche Gefühle haben die Figuren? Hier sind ein paar Vorschläge. Du kannst sie neben die passenden Zeilen schreiben.

ängstlich – ärgerlich – aufgebracht – begeistert – beleidigt – bestimmt – dankbar – entschlossen – erfreut – erschöpft – erschrocken – freundlich – froh – fröhlich – gelangweilt – interessiert – munter – nervös – neugierig – ruhig – scheinheilig – schüchtern – selbstsicher – stolz – streng – traurig – übermütig – überrascht – unbekümmert – ungeduldig – vergnügt – verzweifelt – vorsichtig – vorwurfsvoll – wütend – zornig

KV32 Einen Dialog präsentieren (Lesetexte)

Pferd und Reiter

Reiter: „Guten Morgen, Arkus! Ich hätte Lust auf einen kleinen Ausritt."
Pferd: „Ich habe nichts dagegen. Die Sonne lacht und draußen in der Natur fühle ich mich immer glücklich."
Reiter: „Also gut! Hier ist dein Sattel und da ist dein Zaumzeug. Gleich kann es losgehen."
Pferd: „Steige auf meinen Rücken! In welche Richtung soll ich laufen?"
Reiter: „Trabe nach links den Feldweg entlang!"
Pferd: „In Ordnung, aber ich gebe jetzt mal etwas Gas. Halte dich gut fest!"
Reiter: „Hey, langsam! Langsam! Ich habe nichts von Galopp gesagt."
Pferd: „Gefällt es dir nicht? Jetzt zeige ich dir, wie schnell ich wirklich sein kann. Da vorne springe ich über den Graben."
Reiter: „Bist du verrückt geworden? Das Schlimme ist, dass ich bei dir kein Bremspedal finde!"

Autofahrer und Polizist

Polizist: „Stopp, stopp! Bleiben Sie stehen! Sie sind bei Feuerrot über die Ampel gefahren."
Autofahrer: „Das kann nicht sein. Ich habe doch genau aufgepasst!"
Polizist: „Glauben Sie, ich habe Tomaten auf den Augen? Es war rot, eindeutig rot!"
Autofahrer: „Es war höchstens gelb – na ja, dunkelgelb."
Polizist: „Auch bei Dunkelgelb müssen Sie anhalten. Das haben Sie doch für die Fahrprüfung gelernt."
Autofahrer: „Ja, schon. Aber ich glaube, es war sogar hellgelb."
Polizist: „So ein Quatsch! Es gibt gar keine Ampel mit hellgelbem Licht, höchstens mit orangem Licht."
Autofahrer: „Eben! Es gibt gar kein hellgelbes Licht. Darum muss es grün geleuchtet haben."
Polizist: „Sie machen mich wahnsinnig! Ich bin völlig fertig und mit den Nerven am Ende."
Autofahrer: „Beruhigen Sie sich doch. Es ist alles nicht so schlimm. Wir trinken jetzt miteinander einen schönen Kaffee."

33. Methode: Ausdrucksvoll vorlesen

Kompetenzerwartungen:

- sinngestaltend, ausdrucksvoll und mit gezielt modellierter Stimme vorlesen

Material:

- K33
- KV31 Vorlesetipps
- KV33 Tipps
- KV33 Lesetext
- Textmarker

Vorbereitung und Einsatz:

- Kopieren und laminieren Sie die K33.
- Kopieren Sie die KV31 Vorlesetipps im Klassensatz.
- Kopieren, laminieren und zerschneiden Sie die KV33 Tipps.
- Kopieren Sie die KV33 Lesetext im Klassensatz.
- Die Schüler lesen eine der Fabeln, überlegen sich, wie die Tiere sprechen, üben, so zu lesen, und präsentieren ihren Vortrag einem Partner.

K33 Ausdrucksvoll vorlesen

Aufgabe:

1. Lies die Fabel zuerst leise.
2. Überlege dir, wie die Tiere sprechen.
3. Markiere die Textstellen, an denen du deine Stimme ganz besonders einsetzen möchtest.
4. Übe das Vorlesen und präsentiere deinen Vortrag deinem Partner.

Suche dir eine weitere Fabel. Welche Tiere kommen vor? Wie könnten sie sprechen? Setze deine Stimme gezielt ein, übe deinen Vortrag und präsentiere ihn deinen Mitschülern.

KV33 Ausdrucksvoll vorlesen (Tipps)

So können Stimmen klingen:

bellen – blöken – brüllen – brummen – fauchen – fiepen – flöten – fluchen – gackern – grunzen – gurren – heulen – jaulen – kläffen – knurren – krächzen – krähen – kreischen – lachen – miauen – pfeifen – piepsen – quaken –quieken – rufen – säuseln – schnattern – schnauben – schnurren – schreien – singen – summen – wiehern – zwitschern

KV33 Ausdrucksvoll vorlesen (Lesetext)

Rabe und Fuchs

Ein Rabe hatte einen Käse gestohlen, flog damit auf einen Baum und wollte dort seine Beute in Ruhe verzehren. Da es aber der Raben Art ist, beim Essen nicht schweigen zu können, hörte ein vorbeikommender Fuchs den Raben über dem Käse singen. Der Rabe krächzte:

„Mmmmhhh, du leckerer **Käse**! Gleich wirst du mir köstlich schmecken!“

Der Fuchs lief eilig hinzu und begann, den Raben zu loben. Er säuselte:

„**Rabe**, was bist du für ein **wunderbarer Vogel**! Wenn dein Gesang ebenso schön ist wie dein Gefieder, dann sollte man dich zum König **aller** Vögel krönen!“

Dem Raben taten diese Schmeicheleien so wohl, dass er seinen Schnabel weit aufsperrte, um dem Fuchs etwas vorzusingen. Dabei entfiel ihm der Käse. Den nahm der Fuchs, fraß ihn und lachte über den törichten Raben.

KV33 Ausdrucksvoll vorlesen (Lesetext)

Der Löwe und die Maus

Der Löwe schlief in seiner Höhle. Um ihn herum spielte eine lustige Mäuseschar. Eine davon war eben auf einen hervorstehenden Felsen gekrochen, fiel herab und weckte den Löwen, der sie mit seiner gewaltigen Tatze festhielt.
Die Maus piepste:

„Ach, sei doch großmütig gegen mich armes, unbedeutendes Geschöpf! Ich habe dich nicht beleidigen wollen. Ich habe nur einen Fehltritt getan und bin vom Felsen herabgefallen. Was kann dir mein Tod nutzen? Schenke mir das Leben, und ich will dir immer dankbar sein."

Der Löwe zeigte sich großmütig und ließ das Mäuschen springen.
Bei sich aber dachte er:

„Nun, das möchte ich doch sehen, wie sich ein Mäuschen einem Löwen dankbar erweisen könnte."

Kurze Zeit darauf suchte das Mäuschen im Walde Nüsse. Da hörte es ein klägliches Geschrei.
Der Löwe brüllte:

Hilfe, Hilfe! Oh je! Ich bin gefangen.

Die Maus lief los, um nachzusehen.
Da sah sie den Löwen, der sich in einem Netz gefangen hatte. Die Stricke waren so stark, dass er sie nicht zerreißen konnte.
Die Maus rief:

„Warte nur, mein Freund, da kann ich dir helfen!"

Sie lief hinzu und zernagte die Stricke, die seine Vordertatzen gefesselt hielten. Als diese frei waren, zerriss der Löwe das übrige Netz mit Leichtigkeit. So ward er durch die Hilfe des Mäuschens wieder frei.

34. Ein Buch vorstellen

Kompetenzerwartungen:

- selbstgewählte Kinderliteratur zum Vorlesen vorbereiten und sinngestaltend vorlesen und präsentieren

Material:

- K34
- KV31 Vorlesetipps
- KV34 Buchsteckbrief
- KV34 Tipps

Vorbereitung und Einsatz:

- Kopieren und laminieren Sie die K34.
- Kopieren Sie die KV31 Vorlesetipps und die KV34 Buchsteckbrief im Klassensatz.
- Kopieren und laminieren Sie die KV34 Tipps.
- Die Schüler wählen ein Kinderbuch aus, lesen es selbstständig, fassen die wichtigsten Informationen darüber im Steckbrief zusammen, wählen einen Abschnitt zum Vorlesen aus und bereiten ihn mithilfe der Vorlesetipps vor. Dann präsentieren sie ihr Buch ihrem Partner und lassen sich von ihm Rückmeldung geben, um es am Ende allen Mitschülern vorzustellen.

K34 Ein Buch vorstellen

Aufgabe:

1. Wähle ein Buch, das dich besonders interessiert und lies es selbstständig.
2. Fasse die wichtigsten Informationen über dein Buch im Steckbrief zusammen.
3. Wähle einen Abschnitt deines Buches aus, den du vorlesen möchtest, und bereite ihn mithilfe der Vorlesetipps vor.
4. Präsentiere dein Buch deinem Partner und lasse dir von ihm eine Rückmeldung geben.
5. Stelle dein Buch all deinen Mitschülern vor.

Gestalte ein Plakat zu deinem Buch. Dort kannst du noch einmal alle wichtigen Informationen zusammenfassen, Bilder aufkleben oder die Hauptfiguren malen und sie in Stichpunkten beschreiben. Das Plakat kannst du bei deiner Buchvorstellung mit verwenden.

KV34 Ein Buch vorstellen (Buchsteckbrief)

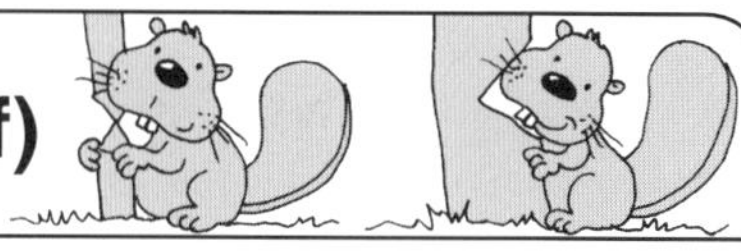

Mein Buchsteckbrief

Ich möchte euch heute das Buch … von … vorstellen.

Titel: ______________________________

Autor: ______________________________

Verlag: ______________ Illustrator: ______________

Seitenzahl: ______________ Kapitelanzahl: ______________

Hauptpersonen: ______________________________

____

Inhalt: ______________________________

____

____

____

____

____

Nun werde ich euch eine besonders spannende/lustige Stelle aus dem Buch vorlesen.

Seiten: ________ → Achtung: Lesezeichen einlegen!

Mir hat das Buch gut gefallen, weil …
Ich empfehle es …
Habt ihr noch Fragen?

KV34 Ein Buch vorstellen (Tipps)

Tipps für die Buchvorstellung:

Wenn es zu deiner Buchvorstellung passt, kannst du weitere Informationen zum **Autor** geben. Vielleicht weißt du, warum er dieses Buch geschrieben hat, oder kennst andere Bücher von ihm?

Sind die **Illustrationen** in deinem Buch wichtig? Helfen sie bei der Beschreibung und Zusammenfassung des Inhalts?

In manchen Büchern kommen sehr viele Personen vor. Stelle dann nur die wichtigsten, also die **Hauptpersonen**, vor.

Verbinde die Vorstellung der Hauptpersonen mit der Zusammenfassung des **Inhalts**. Damit du dabei an alles Wichtige denkst, können dir die einzelnen **Kapitel** helfen. Schreibe zu jedem Kapitel mindestens einen Satz, in dem du zusammenfasst, worum es darin geht.

Bei deiner Buchvorstellung darfst du deinen **Buchsteckbrief** zu Hilfe nehmen. Allerdings solltest du nicht nur ablesen, was darauf steht, sondern möglichst frei und lebendig erzählen.

Die Stelle, die du aus dem Buch zum **Vorlesen** auswählst, soll deine Mitschüler auf das Buch neugierig machen. Sie soll besonders spannend oder lustig sein, aber nicht zu viel verraten.

Beachte beim Vorlesen die **Vorlesetipps**.

Überlege dir, warum du dieses Buch ausgewählt hast und warum es dir gut gefällt. Schreibe deine **Begründung** auf. Trage sie dann aber möglichst frei vor.

Warum glaubst du, dass dein Buch auch deinen Mitschülern gefallen könnte? Ist es für manche Kinder besonders geeignet? Mache dir Stichpunkte und verwende sie bei deiner **Empfehlung**.

Antworte ausführlich auf die **Fragen** deiner Mitschüler. Um dich auf mögliche Fragen vorzubereiten, kannst du deinen Partner beim Üben deiner Präsentation bitten, dich Dinge zu fragen, die ihn zu deinem Buch besonders interessieren. Wenn du diese gut beantworten kannst, brauchst du dir keine Sorgen um die Fragen deiner Mitschüler zu machen.

Strategiepass

Kompetenzbaustein		🙂	😐	🙁
Kompetenzbaustein 1: Über Lesefertigkeiten verfügen	1. Ich kann beim Lesen Wortgrenzen beachten.			
	2. Ich kann beim Lesen meine Augen hin- und herspringen lassen.			
	3. Ich kann Sätze genau lesen und kleine Unterschiede erkennen.			
	4. Ich kann beim Lesen Satzzeichen beachten.			
	5. Ich kann Texte mit Hindernissen lesen.			
	6. Ich kann flüssig und schnell lesen.			
	7. Ich kann flüssig und fehlerfrei lesen.			
Kompetenzbaustein 2: Über Lesefähigkeiten verfügen	8. Ich kann Sätze Bildern zuordnen.			
	9. Ich kann Sätze mit passenden Wörtern ergänzen.			
	10. Ich kann Wortbedeutungen erschließen.			
	11. Ich kann Wörter nach Sammelnamen ordnen.			
	12. Ich kann falsche Wörter in Texten finden.			
Kompetenzbaustein 3: Texte erschließen	13. Ich kann wichtige Informationen in Texten markieren.			
	14. Ich kann Texte in Abschnitte gliedern.			
	15. Ich kann Informationen aus Texten entnehmen.			
	16. Ich kann Inhalte zusammenfassen.			
	17. Ich kann einen Text abschnittweise mit Teilüberschriften zusammenfassen.			
	18. Ich kann unbekannte Wörter aus dem Textzusammenhang erschließen.			
	19. Ich kann Stimmungen eines Textes verstehen und ausdrücken.			
	20. Ich kann Fragen zum Text beantworten.			
	21. Ich kann einen Text überfliegend lesen.			
Kompetenzbaustein 4: Über Leseerfahrungen verfügen	22. Ich kann Schaubilder beschriften.			
	23. Ich kann Tabellen auswerten und Fragen dazu beantworten.			
	24. Ich kann mir eine eigene Meinung über einen Text bilden und mich mit anderen darüber austauschen.			
	25. Ich kann mit W-Fragen Informationen aus einem Zeitungsbericht entnehmen.			
	26. Ich kann ein Leseplakat erstellen und so einen Text schrittweise erschließen.			
	27. Ich kann ein Gedicht szenisch darstellen.			
	28. Ich kann eine Anleitung verstehen und ausführen.			
Kompetenzbaustein 5: Texte und Literatur präsentieren und reflektieren	29. Ich kann mich über Autoren informieren und einen Steckbrief erstellen.			
	30. Ich kann wichtige Informationen aus einem Kinderbuch entnehmen und es kategorisieren.			
	31. Ich kann einen Text mithilfe von Tipps zum Vorlesen vorbereiten.			
	32. Ich kann einen Dialog zusammen mit einem Partner ausdrucksstark vorlesen.			
	33. Ich kann meine Stimme beim Vorlesen passend einsetzen.			
	34. Ich kann ein Buch vorstellen.			